東京財団政策研究所=監修
久保文明・阿川尚之・梅川 健=編

アメリカ大統領の権限とその限界

トランプ大統領はどこまでできるか

日本評論社

はしがき

　アメリカ大統領の権限とはどのようなものか。これが本書全体の問いである。

　ドナルド・トランプ大統領が 2017 年に就任して以来、この問いは切迫性を帯びるようになった。トランプ大統領は選挙中、候補者としてメキシコとの国境に「壁」を建設すること、オバマケアを廃止すること、TPP（環太平洋経済連携協定）や地球温暖化防止のためのパリ協定から離脱することなど、政策の刷新を掲げた。就任直後には、特定の国からの一時的入国禁止措置を打ち出したことをはじめとして、夥しい数の「大統領令」を発した。はたして、大統領にはこれらを実施する権限が備わっているのだろうか。

　トランプ政権については、大統領の個性（かなり特徴的である）、政権の陣容（頻繁に変わる）、支持基盤（ラストベルトの「忘れられた人々」）、政策の方針（保守主義、保護主義、孤立主義）から論じられることが多い。いずれも重要な論点であり、トランプ大統領が打ち出す政策の内容を説明するためには欠かせない。

　それに加えて、トランプ大統領がどのように政策を実現しようとするのかという視点も重要である。特定国家からの入国禁止をトランプ大統領が打ち出した際、その政策の内容もさることながら、そもそも大統領にそのような決定ができるのかという点も問題であった。日米で、「大統領令」の効力と限界についての報道が相次いだことは記憶に新しい。

　ところで、大統領権限に焦点を当てることが重要だとしても、権限の内容は既に明らかなのではないだろうか。アメリカには合衆国憲法があり、そこに大統領の権限は書き込まれているのではないか。さらに、個々の法律では憲法に根拠を置く大統領権限が詳細に規定されているのではないか。公職者の一人である大統領の権限の内容など、すでに自明のことではないのか。このような反応があるかもしれない。

　しかし、大統領の権限とは何かという問題は、アメリカ合衆国建国以来、繰り返し問われてきた。合衆国憲法の定める大統領権限について、その解釈をめぐる争い、あるいは特定の権限に基づいてどのような行動が可能なのかをめぐ

る論争が、今日まで続いているのである。すなわち、アメリカの歴史を通して、そしてこの瞬間においても、大統領権限は変遷を遂げているのであり、トランプ大統領もまた、その歴史的文脈に位置づけることができる。大統領権限とは何かを問うことは、今のアメリカ政治を理解するための長期的な視座の獲得にもつながると思われる。

　本書の着想を得たのは、実はオバマ政権の末期であった。今でこそ忘れ去られているかもしれないが、オバマケアの実施に当たって、あるいは不法移民問題や地球温暖化問題などへの対応において、議会と対立する中で大統領権限を大胆に行使したのはバラク・オバマ大統領であった。トランプ大統領の権限行使は、その政策的方向性こそ異なるものの、ある意味でオバマ大統領の延長線上に位置する。この点を想起することも重要であろう。

　本書は３部構成となっている。第Ⅰ部では、アメリカ大統領制の基本的な構造と特徴を明らかにする。

　第１章の久保文明論文「アメリカの大統領制──比較論的考察」は、アメリカの大統領制と日本の議院内閣制を比較した場合、アメリカ大統領は議会と裁判所の抑制を強く受けていること、アメリカと他の大統領制国家を比べた場合、アメリカ大統領の権限は限定的であることを明らかにしている。

　第２章の阿川尚之論文「憲法からみたアメリカ大統領」は、合衆国憲法に焦点を当て、条文が規定する大統領権限について論じる。ここでは、憲法制定者たちが大統領権限をゆるやかに規定し、必要に応じて大統領が大きな力を行使することを可能にするとともに、歯止めをかける仕組みを設計したことも指摘される。

　第３章の梅川健論文「大統領権限の変遷──建国期から革新主義の時代にかけて」では、建国期から革新主義の時代にかけての大統領権限の拡大が大統領選出方法と結びついていたことを明らかにする。時代が下るにつれて、大統領選出に関わる政治エリートの力が減退するとともに一般有権者の重要性が増大し、大統領は議会の抑制から逃れるようになったことが示される。

　第Ⅱ部では、近年の大統領権限の拡大を示す論文を所収している。

第4章の梅川健論文「協調的大統領制からユニラテラルな大統領制へ」では、1930年代に大統領と議会が協力関係にある協調的大統領制が成立したものの、1970年代には大統領が独力で政策を実現しようとするユニラテラルな大統領制へと移行したと指摘する。

第5章の梅川健論文「乱発される「大統領令」」では、トランプ政権において耳目を集めた「大統領令」を、行政命令、大統領覚書、大統領布告に分類し、それぞれの特徴と差異を明らかにする。

第6章の菅原和行論文「官僚機構の政治化とその帰結」は、トランプ大統領が官僚機構の掌握を目指し、その政治化を試みたことにより、政治任用過程、大統領とホワイトハウス・スタッフとの関係、大統領と職業公務員との関係などにおいて、さまざまな弊害が生じていることを指摘する。

第7章の松岡泰論文「大統領の側近と大統領権限——議会対策としての多数党化戦略を中心に」では、民主党と共和党がイデオロギー的に分極化する以前、大統領を支える議会対策専門の側近は交渉力に秀でた人物であったが、分極化後は大統領選挙と連邦議員選挙を同時に請け負う選挙戦略家へと類型が移行していったことを明らかにしている。

第8章の梅川葉菜論文「大統領権限の拡大と州政府の対抗」は、従来は連邦政府内の力関係の変化として論じられてきた大統領権限の拡大に対して、州政府、特に州司法長官がその抑制に重要な役割を果たすようになってきたことの要因とその意味を論じている。

第III部では、大統領権限が近年具体的にどのように行使されているのかを論じる。

第9章の杉野綾子論文「パリ協定からの離脱」では、大統領の外交権限について論じるとともに、トランプ大統領によるパリ協定離脱は国際社会では非難を浴びたものの、憲法解釈上、外交に関する大統領権限の正統な行使に該当することを示す。

第10章の梅川葉菜論文「州司法長官たちによる訴訟戦略と大統領」では、G・W・ブッシュ政権期からトランプ政権1年目までの、大統領と州司法長官たちの政治的対立を取り上げ、現代アメリカの大統領が直面するようになった新

たな困難が明らかにされる。

第 11 章の村上政俊論文「大統領権限と制裁——対東アジア（中国、北朝鮮）を中心に」では、トランプ大統領による北朝鮮制裁、および中国とロシアを対象とした二次制裁に焦点を当て、それらが大統領権限に基づいて行われていることを明らかにしている。

第 12 章の梅川健論文「大統領の戦争権限」では、アメリカでは戦争に関する権限は大統領と議会とで分有されているものの、近年の大統領は単独で軍事行動が可能であると主張し、実際にそのように行動してきたことを明らかにしている。

本書は、東京財団政策研究所「アメリカ大統領権限分析プロジェクト」（2016年 4 月〜 2018 年 3 月）の研究成果をまとめたものである。既述のとおり、トランプ政権の誕生前、大統領権限はアメリカ政治を理解するための鍵の一つであることを共通認識として、このプロジェクトは発足した。プロジェクトの担当者としてご尽力いただいた多くの方々、特に吉原祥子氏には心より御礼申し上げたい。また、日本評論社の鎌谷将司氏には、辛抱強く原稿をお待ちいただき、編集作業でも大変お世話になった。記して謝意を表したい。

　　2018 年 3 月

　　　　　　　編　者　　久保文明・阿川尚之・梅川　健

目　次

はしがき　i

第Ⅰ部　アメリカ大統領とはなにか

●第**1**章

アメリカの大統領制 ……………………………………………… 久保文明　3
──比較論的考察

はじめに………3

1　行政部の長としての大統領──行政権と人事権………4

　(1)　行政権は大統領に属する　4

　(2)　人事権　4

2　行政部の長としての大統領──省庁との関係および戦争権限………6

　(1)　省庁に対する統制力　6

　(2)　軍の最高司令官　7

　(3)　大統領と閣僚の関係　7

3　大統領と立法部の関係──政党との関係において………8

　(1)　分割政府の常態化　8

　(2)　大統領と与党議員　8

　(3)　予備選挙制度の含意　9

4　大統領の議会への働きかけ方………10

　(1)　議会への働きかけ　10

　(2)　拒否権　11

　(3)　弾劾制度　12

5　比較の中のアメリカ大統領制………13

　(1)　ラテン・アメリカ　13

　(2)　半大統領制　13

　(3)　韓国　14

おわりに………15

●第**2**章

憲法からみたアメリカ大統領 ………………………………… 阿川尚之　17

はじめに………17

1　大統領権限に関する憲法の規定──第2条1節1項………18

　(1)　大統領の執行権　19

　(2)　「1人の」大統領への権限集中　19

目 次 vii

　　(3) 「アメリカ合衆国」の大統領　20
　2　強い大統領をめざした理由………20
　　(1) 議会の暴走に対する歯止め　21
　　(2) 外交と戦争の権限　21
　3　強いけれども強すぎない大統領………21
　　(1) 大統領選出の方法　22
　　(2) 大統領の任期　23
　　(3) 弾劾と解職　23
　　(4) 大統領の個別権限と義務・責任　24
　おわりに………25

●第3章
大統領権限の変遷 ……………………………………………………… 梅川　健　29
── 建国期から革新主義の時代にかけて

　はじめに………29
　1　建国期の大統領制………29
　　(1) 大統領の選ばれ方──ジョージ・ワシントンという例外　29
　　(2) 大統領と罷免権　30
　　(3) 外交における大統領優位の確立　31
　　(4) 変化する大統領選出方法──憲法が党派を認めるとき　32
　2　19世紀的大統領制………34
　　(1) 大統領候補選定プロセスの変化　34
　　(2) ジャクソン大統領と拒否権　35
　　(3) ジャクソン大統領と猟官制　36
　3　世紀転換期の大統領制の変容………36
　　(1) 革新主義とセオドア・ルーズベルトの大統領権限　36
　　(2) 予備選挙の導入とウィルソン大統領　38
　おわりに………39

第II部　強大化する大統領権限

●第4章
協調的大統領制からユニラテラルな大統領制へ …… 梅川　健　45

　はじめに………45
　1　協調的大統領制の成立………45
　　(1) ニューディールと大統領権限の拡大　45
　　(2) 行政組織再編権限　47

2 協調的大統領制の終わり………49
　(1) 大統領選定プロセスのさらなる民主化　49
　(2) イデオロギー的分極化の進展　50
　(3) ウォーターゲイト事件と大統領権限の抑制　51
3 ユニラテラルな大統領制へ………52
　(1) 再編権限喪失と補完的権限拡大　52
　(2) 大統領単独での政策形成手段の獲得　53
4 オバマ大統領とトランプ大統領………54
　(1) 議会を迂回したオバマ大統領　54
　(2) 孤立するトランプ大統領　56
おわりに………57

●第5章

乱発される「大統領令」 ———————————————— 梅川　健　61

はじめに………61
1 「大統領令」とは何か………62
　(1) 三つの「大統領令」　62
　(2) 行政命令は政策をどれほど変更できるのか？　64
2 トランプ大統領の「大統領令」………66
　(1) 他の大統領との比較　66
　(2) トランプ大統領の行政命令の三つの特徴　69
　(3) トランプ大統領の「大統領令」の具体例　70
おわりに………71

●第6章

官僚機構の政治化とその帰結 ———————————————— 菅原和行　75

はじめに………75
1 トランプ政権における政治任用の動態………76
　(1) 政治任用の機能　76
　(2) 政治任用過程の長期化　77
2 政権の機能不全とその背景………78
　(1) 大統領とスタッフの関係　78
　(2) ホワイトハウスの混乱　80
3 職業公務員への政治的介入………81
　(1) 連邦政府職員の採用凍結　81
　(2) 職員解雇の要件緩和　82
　(3) 予算による官僚機構の統制　83
おわりに………84

●第7章

大統領の側近と大統領権限··松岡　泰　89
──議会対策としての多数党化戦略を中心に

はじめに………89

1　デモクラシー下で発展する世論操作の技術………90
   (1)　政府の宣伝のパイオニア──エドワード・バーネイズ（1891-1995）　90
   (2)　大統領の演出家──マイケル・ディーヴァー（1938-2007）　91
   (3)　世論調査と政策の順位付け──パトリック（パット）・キャデル（1950- ）　92

2　議会対策としての多数党化戦略………93
   (1)　古典的な選挙責任者──ローレンス（ラリー）・オブライエン（1917-1990）　93
   (2)　共和党の選挙戦略家──ケヴィン・フィリップス（1940- ）　94
   (3)　現代版選挙責任者──ハーヴェイ・リロイ（リー）・アトウォーター（1951-1991）　95

3　大統領権限と司法の政治化──カール・ローヴ（1950- ）………97
   (1)　リー・アトウォーターの後継者　97
   (2)　裁判所の政治化　98
   (3)　連邦司法省の政治化　99

おわりに………100

●第8章

大統領権限の拡大と州政府の対抗································梅川葉菜　103

はじめに………103

1　大統領に立ち向かう州司法長官………103
   (1)　トランプ大統領の入国禁止措置　103
   (2)　州司法長官による対抗の広がり　104

2　アメリカの州司法長官………105
   (1)　州司法長官の役割　105
   (2)　政治家としての州司法長官　105

3　州司法長官の台頭を理解するための枠組み………107
   (1)　三権分立制　107
   (2)　連邦制　108
   (3)　抑制均衡の装置としての連邦制と三権分立制　109

4　州司法長官の台頭とイデオロギー的分極化………110
   (1)　党派対立に基づいた訴訟　110
   (2)　所属政党を同じくする大統領に対する訴訟　111

おわりに………112

第Ⅲ部　大統領権限はいかに行使されたか

●第9章
パリ協定からの離脱 ……………………………………………………………… 杉野綾子　117

はじめに………117

1　パリ協定とは何か………118

2　2016年選挙でのパリ協定を巡る対立………119

3　大統領の協定締結権限と議会………122

4　パリ協定の位置づけ………125

　⑴　パリ協定実施には議会の協力は不要か　126

　⑵　議会は不承認の意思表明を行わなかったか　127

5　トランプ政権下で気候変動対策はどこまで後退し得るのか………127

おわりに………130

●第10章
州司法長官たちによる訴訟戦略と大統領 ………………… 梅川葉菜　133

はじめに………133

1　環境保護政策をめぐる大統領と州司法長官の攻防………134

　⑴　ブッシュ政権の消極的姿勢と実質的な勝利　134

　⑵　オバマ政権の積極的姿勢と敗北　135

2　不法移民政策をめぐる大統領と州司法長官の攻防………136

　⑴　オバマ政権の政策形成と失敗　136

　⑵　トランプ政権の政策形成と州司法長官　138

3　入国禁止令をめぐるトランプ大統領と州司法長官の攻防………139

　⑴　入国禁止令1.0　139

　⑵　入国禁止令2.0　140

　⑶　入国禁止令3.0　141

　⑷　難民の受け入れ停止措置のほとんどの終了　142

おわりに………142

●第11章
大統領権限と制裁 ……………………………………………………………… 村上政俊　147
── 対東アジア（中国、北朝鮮）を中心に

はじめに………147

1　北朝鮮………149

　⑴　テロ支援国家指定解除と再指定　149

目　次　xi

(2)　オバマ政権、トランプ政権下での制裁　151

(3)　トランプ政権による中国、ロシアを対象とした二次制裁　153

2　中　国………155

(1)　貿易不均衡　155

(2)　半導体メーカー買収阻止　156

3　まとめと残された課題………157

●第12章

大統領の戦争権限 ……………………………………………… 梅川　健　161

はじめに………161

1　大統領の戦争権限を規定するもの………161

(1)　合衆国憲法の規定　161

(2)　裁判所が示す戦争権限の限界　162

(3)　戦争権限法　163

2　大統領による戦争権限の行使………166

(1)　ブッシュ政権　166

(2)　オバマ政権　167

(3)　トランプ政権　169

おわりに………170

執筆者紹介　176

第Ⅰ部

アメリカ大統領とはなにか

第1章

アメリカの大統領制
──比較論的考察

久保文明

はじめに

　ドナルド・トランプ大統領は就任早々多数のいわゆる大統領令を発し、それは大々的に報道された。これによって、大統領は単独で多くのことを達成する強大な権限をもつという印象を受けた者も多いであろう。たしかに、大統領令で達成可能なことも少なくない。大統領令によらずとも、大統領単独で達成可能なことが多数存在することも確かである。何より大統領は行政部の長であるとともに国家元首であり、日本でいえば天皇と総理大臣を兼ねた地位である。軍の最高司令官でもあり、世界最強の軍隊を指揮する。人事権も強大である。4000人を越える高級官僚を任命する権限をもち、日本でいうと局長級に相当する次官補以上は、すべて当選した大統領が自ら任命できる。

　さらに、日本の首相がしばしば1年前後で辞任するのと対照的に、4年の任期を全うするのがアメリカの制度の原則であり、2期8年務めることも稀ではない。最近では、ビル・クリントン以来、ジョージ・W・ブッシュ、バラク・オバマと3人の大統領が連続して8年在任した。衆議院の過半数の支持で不信任案を可決し、内閣に総辞職か衆議院の解散かを迫ることができる日本の制度と異なり、不信任の制度も存在しない。

　このような側面を強調すると、アメリカの大統領をきわめて強力な地位として描くことも可能になる。しかしながら、より巨視的にみると、こうしたアメ

リカ大統領像は決して正確なものでない。むろん、単に弱い存在として定義することも妥当ではない。むしろ、行政部内と立法部・司法部との関係の二つの局面に分けて考察することが建設的であろう。以下、主として議院内閣制における首相と、そして補論的に他国大統領制と比較しながら、アメリカ大統領の権限について分析したい。

1　行政部の長としての大統領──行政権と人事権

⑴　行政権は大統領に属する

　合衆国憲法第2条第1節は、行政権は大統領に属すると規定する。全く解説の余地がないくらい自明かつ簡明な規定のようにみえるが、この条文は実は意味深長である。

　わが国の在り方と比較してみよう。日本国憲法では、行政権は内閣に属すると規定している。そして、内閣は連帯して国会に責任を負う。これらの規定は、首相が、内閣の合意や支持がないと行政権を行使できないことを意味している。閣僚の中に反対者がいる場合、それでも決定にもち込もうとすれば、おそらく首相は当該閣僚を解任せねばならないし、さらには首相自らが兼任することを含めて後任を補充しなければならないであろう。ここでは閣僚による集団的指導の要素が存在している。

　それに対して、合衆国憲法ではそもそも内閣という言葉や制度は登場せず、上述の憲法の規定を根拠にして、大統領は単独で行政権を行使できる。すなわち、アメリカの行政部における最高の意思決定は内閣の決定でなく、大統領の決定である。大統領は閣僚の賛成を確保する必要がなく、ましてや閣議の承認を得る必要もない。リンカーン大統領が「反対7、賛成1。よって賛成に決定。」（すなわち大統領以外、すべての閣僚が反対でも賛成に決定）と語ったのはあまりにも有名なエピソードであるが、ここにアメリカの大統領制の本質の一端が表現されている。

⑵　人事権

　冒頭で触れたように、大統領の人事権も巨大である。日本では局長に相当す

る次官補以上は基本的に大統領の任命であり、大使なども含めるとその数は4000人程度となる。日本では、総選挙で与野党が入れ替わっても、新政権発足に合わせて首相が任命するのは閣僚以外では副大臣・政務官のみである。アメリカの場合、前政権によって任命された政治任用者は基本的に退職する。新たに任命される官僚のほとんどは、官僚機構の外から政権入りする。日本でも、近年は、特に2014年の内閣人事局設置以来、高級官僚の人選において内閣や首相の選好が徐々に効果を発揮するようになったが、それでも異動は基本的には官僚制度の中でのことにすぎない。役所の外から4000人もの人間が登用され、しかもその官庁の最上層部に任命される制度との違いは依然大きい。

　しかも、大統領による人事は基本的に政党人事であり、ほとんどが自分の政党から抜擢する（アメリカでは全市民の約8割が有権者登録をしているが、その内訳はほぼ3分の1ずつ共和党・民主党・無所属に分かれる。これほどまで、政党に所属することが普通になっている）。のみならず、大統領とのイデオロギー的な距離も重要な選択の基準となっている。

　1977年に就任したジミー・カーター大統領の頃までは、閣僚は大統領が選ぶものの、それ以下、すなわち閣僚の部下については閣僚が選んでいた。それを覆したのは4年後に就任したロナルド・レーガン大統領であった。共和党の保守派であったレーガン大統領は、閣僚より下の人事まで、基本的に自ら選ぼうとした。レーガン大統領はそれまでの慣行を改め、イデオロギーと忠誠心を基準にして次官補クラスまで自分たちで選抜することにしたのである。それによって、レーガン大統領と彼の政権移行委員会は、共和党穏健派を可能な限り排除し、党内保守派で政権を固めようとした（ただし、当時共和党内に政府高官として経験を積んだ保守派は数多く存在せず、実際には穏健派を多数登用せざるを得なかった）。ここで重要な点は、閣僚レベルにとどまらず次官補レベルまで、レーガン大統領が自ら任命しようとしたことであり、なおかつこの新しい手法が、その後の大統領にも基本的に受け継がれていることである。

　アメリカの二大政党は、イデオロギー的に相当の幅をもつ。このことは、多様な思想を内包する超大国に二つしか主要政党がないことからして、ほぼ必然的かもしれない。この中にあって大統領は、レーガン以来、単に自分の政党所属者であることだけでなく、政党内で自分とイデオロギーを共有する人物を任

命する傾向を強くもつ。たとえば、1993年に就任した民主党のビル・クリントン大統領も、自ら党内穏健派の運動を指導してきただけに、党内穏健派を重視した。2001年にホワイトハウス入りしたジョージ・W・ブッシュは、レーガン以上に徹底して保守派を重用した。2009年就任のオバマの場合、ビル・クリントンと比べるとリベラル派に傾斜していた。そしてドナルド・トランプの場合には、党の非主流派であるだけに、また一貫したイデオロギーをもたないため、軍人や経済人、そしてアウトサイダー的人物を選抜する傾向をもつ。

2　行政部の長としての大統領——省庁との関係および戦争権限

(1)　省庁に対する統制力

　日本では、内閣の決定によって、各省に対して、それぞれの省がもつ独立行政法人などを廃止あるいは民営化するように求めることがあるが、必ずしも各省がそれに従うわけではない。たとえば2007年の当該要請に対して、各省庁からの反応はまさに「ゼロ回答」であった。[1]

　要するに、日本の官庁は首相および内閣に対して、争点によっては正面から抵抗する。換言すれば、官僚組織は首相に対して、相当程度の自律性をもつと推測される。このような反応は、アメリカではありうるであろうか。

　アメリカでは、政策形成においても、次官補以上の官僚は、基本的に大統領の方針を支持している。何より、日本の官僚の忠誠心が所属する官庁ないしそのネットワークに向けられるのに対し、アメリカの制度では大統領に向けられる。政治任用された高級官僚団の運命は、基本的に大統領そして政権の成否と一体かつ一蓮托生であり、自らの政策的な成功が、日本の制度において以上にその後の評価につながる。

　かりに同様の指令が大統領から下されれば、おそらくアメリカの省庁はほぼ全面的に従うであろう。

　なお、上記で強大な人事権に触れてきたが、一つだけ重要な留保がある。それは、これらの人事は上院の承認が必要とされていることである。例外は、大統領直属のホワイトハウス・スタッフのみである。与党が上院で少数党であるとき、大統領は人事でも難航を余儀なくされることになる。

(2) 軍の最高司令官

また、アメリカ大統領は、軍の最高司令官としての位置づけを与えられている。戦争を開始する宣言を行うのは議会であるが、その指揮を執るのは大統領とされている。ただし、朝鮮戦争以降、厳密な意味で、議会の宣戦布告で開始された戦争はなく、議会の権限はやや埋もれがちである。

議会はベトナム戦争の反省から、1973年に戦争権限法を制定して大統領の戦争権限を制約しようとした。同法は以下のように規定する。大統領が外国への軍隊派遣を決定するときは事前に議会と協議すること、軍の投入後48時間以内に書面で議会に報告を行うこと、議会が承認せず宣戦布告を行わない場合は60日（必要がある場合は90日まで延長可）以内に軍事行動を停止することなど。

しかし、歴代大統領はこの決議について、本来大統領に属する権限を不当に立法府に委ねたもので憲法違反であるとみなし、これを無視する姿勢を示し続けている。この問題は、大統領と議会の間の権限争いの最前線の一つである。

(3) 大統領と閣僚の関係

なお、大統領と閣僚の関係について補足しておきたい。議院内閣制においては、しばしば閣内に首相の政治的ライバルが取り込まれている。次を狙う閣僚との微妙な政治的妥協によって与党内の首相支持連合が成立している場合も少なくない。党内の有力グループあるいは派閥を率いるような有力閣僚は、タイミングをみて党内で首相に挑戦することが可能である。首相の選択肢や政治生命は、このようなライバルの存在によって制約されていることが多い。

それに対して、アメリカの大統領は、第一に、任期が確定している点でその立場ははるかに安定している。第二に、党の公認候補としての地位も、有力閣僚や議員からの支持に依存しているのではなく、多数の党員からの支持に裏打ちされた全国党大会の決定に根拠づけられているため、その地位が脅かされるとしても二期目の再選を求めるときのみであり、その時ですら、挑戦者が登場することは稀である。第三に、閣僚は議員との兼職ができないため、独立の政治的基盤をもたないことがほとんどである。党内の政治的競争相手を多数閣内に取り込んだリンカーン政権における「チーム・オブ・ライバルズ」[2]や、オバマ政権の国務長官ヒラリー・クリントンのような例はむしろ例外であろう。彼

8 第Ⅰ部 アメリカ大統領とはなにか

女にしても、オバマ大統領の任期途中で大統領に挑戦することはほとんど不可
能であった。

3 大統領と立法部の関係——政党との関係において

⑴ 分割政府の常態化

アメリカの大統領は、これまでみてきたように、行政部においては強い権限
を有しているものの、立法部との関係では困難を味わうことが多い。

そもそも、与党が議会の上下両院の一つあるいは双方において少数党である
状態が頻出する。これを分割政府（divided government）という（その反対は統一
政府（unified government））。最近でもオバマ政権8年間のうち6年間、ブッシュ
政権8年間のうち3年半程度、クリントン政権8年間のうち6年間が分割政
府であった。その前のジョージ・H・W・ブッシュ政権、レーガン政権の計
12年間は、一貫して分割政府であった。第二次世界大戦終了後以降のアメリ
カ政治においては、分割政府状態のほうがむしろ常態であるとすらいえる。た
しかにアメリカの政党の規律は日本やヨーロッパの政党と比べると弱いものの、
それでも大統領が支持する法案の成立率をみると、統一政府のほうがはるかに
高い。いうまでもなく、議院内閣制では、このような少数与党状態は例外的で
ある。

⑵ 大統領と与党議員

さらにアメリカの大統領にとって厄介なことに、統一政府であったとしても
困難は尽きない。その主たる理由は、アメリカの政党の性格にある。アメリカ
の政党においては、党員資格停止や公認取り消し、除名などの制裁、あるいは
その威嚇をもって、党所属議員に対して政党として、法案の賛否について同一
の投票を行うように強制することができない。すなわち、与党が上下両院で多
数党であったとしても、大統領が望む法案を可決できるとは限らない。

これがまさにトランプ政権初年に起きたことである。トランプ大統領はオバ
マ政権時代に成立した医療保険改革、すなわちオバマケアの廃棄・改革を望ん
でおり、それはほとんどの共和党議員の公約でもあった。しかし、共和党は上

下両院で過半数の議席を占めていたにもかかわらず、議員団内部で見解が一致せず、結局この公約は果たせなかった。

オバマ政権期にも、2009年から2010年にかけて政権発足当初2年間は民主党が両院で多数党であったにもかかわらず、民主党は内部の結束を保てず、エネルギー環境法案を可決できなかった。このような例はアメリカ政治では枚挙に暇がない。

(3) 予備選挙制度の含意

このような現象を説明するためには、アメリカの政党の独特な組織的特徴に触れる必要がある。アメリカの二大政党においては、連邦上院・下院、あるいは州知事などの公認候補を、党の指導部が一方的に決定することができない。具体的には各州の政党法によって、直近の選挙において一定の得票率を越えた政党（実質的に民主・共和の二大政党が該当する）の場合、公認候補を決める際に、基本的には党員の選挙、すなわち予備選挙によって決定しなければならないとされている。これは現職がいる場合も同様である。

これは大統領の指導力に対して、重要な含意をもっている。与党内でも、選挙区によっては、大統領自身に対して、あるいは大統領が推進する特定の政策に対して、明確に反対の姿勢を表明しながら予備選挙を勝ち抜き、公認候補となることも可能であることを意味している。そのほうが、予備選での勝利に好都合の場合すらある。しかも、そのような候補が勝利した場合に手に入れるのは、党公認候補としての法的資格である。当該候補が本選挙で勝利すれば、ほぼ自動的に上院ないし下院の当該政党議員団に加わることになる。

この議員が採決においてどのような行動をとろうとも、すなわち自分の党が出している大統領の方針や、党多数派の意向に反する投票行動をとろうとも、政党としては、議員に対して除名という制裁はとりえない。なぜなら、第一に、政党所属は有権者登録の際にすべての個人に選択の自由があり、政党の側で拒むことができないし、第二に、既述の通り、公認候補としての資格は、予備選挙での勝利において法的に保証されているからである。ここに、アメリカの政党に規律が欠如している最も重要な制度的理由が存在する。大統領の側では、この予備選挙のプロセスに外から大きな影響を及ぼすことは容易でない。

1938 年にフランクリン・D. ローズヴェルト大統領は、党内保守派追い落としのために、政権を支持する新人候補を大量に擁立し、同年夏に精力的に全国を遊説したものの、結局ほとんどの予備選挙で敗北することになった。1932年と 36 年の大統領選挙で歴史的勝利を収めた大統領にしてもこの有様である。

トランプ大統領は、2017 年 9 月に行われたアラバマ州共和党上院議員補選予備選挙において、暫定上院議員を務めていた元州司法長官のルーサー・ストレインジを推し、州内に入って遊説まで行った。しかしながら、同州共和党員の選択は、元州最高裁主席判事ロイ・ムーアであった。[3)]

翻って、議院内閣制ではどうであろうか。2005 年 8 月、小泉純一郎首相は衆議院を解散し、来る衆議院選挙においては彼の郵政改革の公約を支持する候補者のみを自由民主党公認とする方針を表明した。従わない候補者は自民党公認が得られなかった。無所属で立候補した場合でも、「刺客」といわれた自民党公認候補との対決となり、小泉人気の前にそのほとんどは落選した。その後、郵政改革法案は可決された。

日本やヨーロッパのほとんどの政党では、このように公認決定の権限は党の指導部に握られている。アメリカの大統領に決定的に欠如しているのはこの権限である。

4 大統領の議会への働きかけ方

(1) 議会への働きかけ

アメリカの大統領が議会に影響力を及ぼす手段は、相当程度限られている。自分が大統領に当選した選挙において、多数の与党議員をともに当選させることができれば、これは一定の支持要因となる。これはコートテール効果（coattail effect）と呼ばれ、第二次世界大戦後ではリンドン・ジョンソンの 1964 年、あるいはレーガンの 1980 年などがそれにあたる。逆にジョン・F. ケネディは1960 年、自党の議員を減らしてしまい、実際その後議会対策で苦労することになった。

これに加えて、議会での与野党の議席差が上下両院ともに大きい場合、大統領はたしかにリーダーシップを発揮しやすくなる。さらに大統領の支持率が高

いと、議員は大統領の提案に対して敬意を払うようになる。

　大統領は、個々の議員の選挙区に関わる人事権（たとえば連邦地方裁判所の指名など）をもち、そこに連邦政府関係の公共事業をもち込むことも不可能でない。特定の議員のために応援演説をすることもあれば、資金集めパーティに出席する場合もある。ホワイトハウスでの国賓晩餐会の招待者リストに議員を加えることは、恩を売るためのもっとも手のかからない方法であろう。増税法案など困難な選択を強いる場合には、それによって落選しそうな議員に対して、行政部のポストを約束することもできる。

　ただし、全体としてみれば、公認の権限などと比較すると、これらの手段はすべて間接的なものであり、迫力不足は否定できない。

(2)　拒否権

　ただし、アメリカの大統領に与えられた大きな立法権限として、拒否権が存在する。議会が可決した法案に対し、大統領は署名を拒否することによって、その成立を阻むことができる。ただし、議会の両院が3分の2の特別多数で再可決した場合、大統領の拒否権は無効となり、その法案は法律となる。

　拒否権は、国民の意思を代表する議会が両院で過半数によって成立させたものを覆すことができる権力を意味するので、決して小さなものではない。しかも、実際に発動しなくとも、その威嚇をするだけで、法案の成否やその内容に影響を及ぼすことができる。

　ただし、拒否権はあくまで受け身の権力である。日本のような議院内閣制と異なり、アメリカの制度においては、大統領、内閣、省庁は、すなわち行政部は、議会に法案を提出できない。予算案すら同様であり、議員のみが法案を提出できる。一般論として、細部にさまざまな工夫や仕掛けを盛り込むことができるのは法案作成者であるので、このような意味でも、議員と議会がもつ権限は大きい。閣僚らについても、議会によって呼ばれたときに証人として発言するだけで、審議に参加することもできない。大統領は憲法上の権利として、一般教書を議会で読むことができるが、これは法案ではないし、審議への参加も意味しない。

　しかも、拒否権対策として、議会は、大統領が拒否権を発動して葬り去ろう

としている法案を、予算案や、大統領が強く支持している政策など、大統領が拒否権を行使しにくい内容と抱き合わせにした法案を用意するなど、さまざまな工夫を凝らすことができる。したがって、大統領は実際には拒否権を発動しにくいと感じる場合が多いのが実情である。

(3) 弾劾制度

議院内閣制に馴染んでいると理解しにくい面が存在するが、アメリカの制度の下では任期途中での大統領解任は容易でない。そもそも、アメリカの統治制度には、大統領不信任という仕組みは存在しない。あるのは、弾劾裁判を行うことによって、有罪か無罪かを判定し、有罪の場合に大統領を解任する弾劾制度のみである。以下が憲法の規定である。

> 第2条第4節「大統領、副大統領および合衆国のすべての文官は、叛逆罪、収賄罪またはその他の重罪および軽罪につき弾劾され、かつ有罪の判決を受けた場合は、その職を免ぜられる」

すなわち、大統領を解任するためには、まず下院が過半数で弾劾決議を可決し、ついでその場合に弾劾裁判所となる上院が3分の2の特別多数で有罪と判断しなければならない。

これまで、大統領に対する弾劾裁判の判決としては2件あるのみである。南北戦争後にアンドリュー・ジョンソン大統領が弾劾裁判にかけられ、わずか1票差で無罪放免になった。またビル・クリントン大統領が裁判にかけられたが、有罪票が3分の2に達せず、1999年に無罪となった。また、リチャード・ニクソン大統領の場合には、下院司法委員会が超党派の多数で弾劾決議に賛成投票した後、大統領の側が有罪必至と判断して、1974年自発的に辞任した。

アメリカの大統領制は、大統領にせよ、上下両院議員にせよ、一度選出されたらその任期を全うすることを前提としている。議会が大統領を解任できるのは、上述した場合と職務執行能力喪失の場合のみである[4]。一般的には、そのハードルはきわめて高いといえよう。アメリカの憲法制定者たちは、大統領の身分については4年という任期を設定して安定的なものとする一方で、その権限については、基本的に行政権に限定することにより抑制的なものにしたのであ

る。

　と同時に、大統領の側で議会を解散することもできない。解散は、少なくとも日本の議院内閣制においては、首相が国会に対してもつ強力な対抗手段であることはいうまでもない。首相が解散をほのめかすだけで、場合によると、野党だけでなく与党議員すら、怖れをなす。アメリカの大統領にはこのような権限はない。

　総じて、アメリカの大統領には、行政権を効果的に統率する権限と権力は備わっているが、立法部に影響を与える手段はさほど与えられていない。しかも立法部に加えて、独立した司法部が大統領の前に立ちはだかる。アメリカの政治学者に、アメリカの統治制度を大統領制でなく権力分立制と呼ぶべきであると提案する者がいるが、その理由なしとしない。[5]

5　比較の中のアメリカ大統領制

(1)　ラテン・アメリカ

　実際、同じ大統領制を採用していても、国によってその在り方はきわめて多様である。たとえば多数のラテン・アメリカ諸国は大統領制を採用してきたが、そこでは軍による政治介入によって、立憲主義そのものがしばしば脅かされてきた。この点では、アメリカではクーデターはもとより軍による政治介入も顕著でなく、憲政史上かなりの程度、いわゆるシビリアン・コントロールが徹底してきたこと、そして総じて立憲主義が尊重されてきたことを指摘できよう。

　また、大統領の権限それ自体についてみても、アメリカよりも強力な権限を付与されていることが多いようである。たとえば、ブラジルの大統領は、臨時大統領令を出したり、特定の政策領域において先議権をもっていたり、議会に緊急議決を要求する権利をもっていたりと、比較的大きな立法権限を有するので、議会に対して大きな交渉力をもつ。[6]

(2)　半大統領制

　フランス、ロシアなどの大統領制はしばしば半大統領制と称される。その特徴は、第一に、国民から直接選出される大統領が存在すること、第二に、大統

領が憲法上大きな権限を有していること、そして第三に、議会の過半数の支持により成立する首相と内閣があることである。[7] 一般的には、第二点が重要な特徴であり、概してアメリカ大統領より強い権限をもつと考えられる。

　フランス第五共和制の大統領が、政治的混乱に悩まされた第四共和政の反省と教訓から、意図的に強力なものとして設計されたことはよく知られている。その結果、フランスの大統領は、議会解散権、首相を含む閣僚任免権、条約批准権など大きな権限を有することとなった。ただし、議会も首相の信任・不信任権をもつため、実際には議会の多数党から首相が選ばれるのを常としている。これが、半大統領制といわれるゆえんである。

　1993年の憲法改正下でのロシア連邦の大統領制は、フランスの大統領制をモデルとして制度設計がなされており、やはり強力な権限をもつ。すなわち、大統領には法案提出権はいうまでもなく、法案拒否権や議会解散権が与えられており、さらに議会の同意が必要とされない国民投票実施決定権ももつ。首相および閣僚の任命・罷免権ももつ（ただし首相の任命には下院の承認が必要）。ロシアの大統領も、アメリカと比較した場合、相当強力な権限が与えられているとみてよいであろう。

(3)　韓　国

　韓国の大統領は、国会への予算案提出権をもち、議会が可決した法案に対する拒否権をもつ。首相と閣僚の任命権ももつ（首相については国会の承認が必要）。最高裁判所長官に相当する大法院長の任命権も与えられているので、司法権に対する影響力も行使できる。さらに宣戦布告の権限、憲法改正の提案や戒厳令布告などもできる。

　韓国の大統領についてアメリカの大統領と対照的なのは、与党に対する影響力である。韓国の大統領は通例は与党の党首でもあり、なおかつ国会議員公認候補を決定する権限も保持してきた。これはアメリカの大統領に欠如している力である。

　むろん、ここで例示的にみた大統領の影響力も、与党が立法部において少数党にとどまった場合には、権力の二元性ゆえに政治が停滞しがちとなるといった弱点を共有する。同時に、任期中は、政治的停滞の可能性をもちつつも、立

法に専念する相当の期間が与えられるという長所ももつ。これは日本において、2006年から2012年にかけて首相の交代が7回繰り返され、多くの懸案が順送りされたことを想起すると、それなりに重要な利点であろう。

いずれにせよ、議会に予算案・法案を提出することすらできない点で、アメリカ大統領の弱さは際立っている。

おわりに

トランプ大統領がいかにいわゆる大統領令を連発しようとも、トランプ大統領は立法部の制約を受け、なおかつ司法部からも制約を受ける。行政部内の司法省特別検察官すら意のままにコントロールすることができずにいる。アメリカの大統領権限が厳しい制約を受けていることを認識することはきわめて重要である。これは同時に、アメリカの憲法秩序あるいは統治制度が非常に堅固に構築されていることを示唆している。

ただし、アメリカの大統領権限については、固定的・静態的理解では十分ではない。オバマ前大統領は大統領権限を広く解釈し、移民問題、地球温暖化問題、あるいはイラン核開発合意問題などで、自らの政策目標を実現しようとした。トランプ大統領もしばしば政策の方向性は異なっても、大統領権限に対するその態度は同じである。それに対して、議会も、長い目でみると大統領との関係でその権限を拡大しようとしてきた。このように振り返ると、アメリカの大統領の権限は、常時変化しつつあるという理解のほうが妥当かもしれない。そうであれば、アメリカ連邦政府の三権分立の在り方、すなわち三権の対抗関係も常時変化しつつあるという捉え方が必要であろう。常に大統領権限の在り方を観察し続けなければならないゆえんである。

[注]
1) 「独法廃止、11府省が『ゼロ回答』」朝日新聞（2007年9月5日）。政府は独法見直しについて「真に不可欠なもの以外はすべて廃止」とする基本方針を閣議決定していた。101ある独立行政法人について、11府省は新たに廃止する法人を全く示さなかった。
2) Doris Kearns Goodwin, *Team of Rivals: The Political Genius of Abraham Lincoln* (Simon &

Schuster, 2005); ドリス・カーンズ・グッドウィン著、平岡緑訳『リンカン』（上下）（中央公論新社、2011 年）。

3) Abby Phillip, "As Trump Campaigns for Strange in Alabama, He Expresses Some Doubts: 'I might have made a mistake,'" (https://www.washingtonpost.com/news/post-politics/wp/2017/09/22/as-trump-campaigns-for-strange-in-alabama-he-expresses-some-doubts-i-might-have-made-a-mistake/?utm_term=.c6e348169771).

4) 本書第 2 章注 29 参照。

5) Charles O. Jones, *The Presidency in a Separated System* (Brookings Institution Press, 1994).

6) 恒川惠一「大統領制の不安定性——その意味と起源」国際問題 573 号（2008 年）1-9 頁。

7) モーリス・デュヴェルジェ著、時本義昭訳『フランス憲法史』（みすず書房、1995 年）。

第2章

憲法からみたアメリカ大統領

阿川尚之

はじめに

　約230年に及ぶアメリカ合衆国の歴史の中で、もっとも偉大な大統領は誰かと訊かれたら、大方のアメリカ人は第16代のエイブラハム・リンカーン大統領を挙げるだろう。リンカーンは1860年11月に行われた大統領選挙で勝利を収め、翌1861年3月に就任した。奴隷制に反対する共和党候補が大統領に選ばれたことに絶望して、南部諸州は次々と連邦を脱退しはじめる。連邦の統一維持を模索しつづけるリンカーン大統領は、就任演説の中で融和の精神を説き南部諸州の自制を求めて、次のように述べた。

> 「この国の政府の仕組みによれば、人々は賢明にも、ごくわずかな権限しか公務員に信託しておらず、したがって彼ら公務員が害をなすのは難しい。さらにそのわずかな権限さえも、短い任期が終わるたびに人々の手に返さねばならないと、同様の賢さで定めた。人々が強い意志をつらぬき細心の注意を払いつづければ、極端な悪意と愚行をもってしても、わずか4年のあいだに、時の政権がこの国の統治の仕組みを取り返しがつかないほど損なうことはできない」[1]

　リンカーンの訴えにもかかわらず、南部諸州は連邦を脱退して南部連合を結成し、1861年4月に南北戦争が始まる。2012年に公開されたスピルバーグ監督の映画『リンカーン』は、戦争の帰趨がようやく見えはじめた1865年1月

31 日、合衆国憲法修正第 13 条の草案が上院に続いて下院で可決され、批准を求めて各州に提案されるまでの経緯を描いた大作である。この映画には、修正案可決に必要な下院議員の 3 分の 2 の賛成にまだ 2 票足りず、閣議で政権の主要メンバーたちがいがみ合うのを前にして、奴隷制度廃止に政治生命をかけるリンカーン大統領が机をたたいて怒鳴りつける場面がある。

> 「私はアメリカ合衆国大統領として巨大な権限を与えられている。何としてでも（可決に必要な）票を確保したまえ」[2]

リンカーンがこのとおり述べたかどうかは別として、[3]改正に関して憲法上の権限を一切与えられていない大統領とその側近たちが手段を選ばずに集めた賛成票によって、修正第 13 条草案は下院で可決された。そして同年 12 月に必要な数の州で批准が完了し、同修正条項は発効する。すでに暗殺されていた大統領が、この結果を見届けることはなかった。

リンカーン大統領の二つの発言は一見矛盾している。前者が大統領の権限は限定されており大それたことはできないといっているのに対し、後者は大統領の権限はほとんど無限だと断言したに等しい。

それでもなお、これらの発言はアメリカ大統領の権限に内在する二面性を示しているように思われる。どちらの発言も合衆国憲法が大統領に与えた権限について語っていることからして、この二面性はそもそも憲法の条文に埋めこまれたものだと考えてよい。すなわち強いけれども強すぎない大統領の姿である。

本書の目的は、アメリカ大統領権限の複雑な性格をさまざまな切り口から分析することにあるが、本章ではまず、憲法が合衆国大統領の権限をそもそもどのように規定したのかをみる。

1　大統領権限に関する憲法の規定——第 2 条 1 節 1 項

アメリカ合衆国憲法はその第 2 条で、大統領の執行権、任期、選出方法、資格要件、継承順位、報酬、宣誓、個別権限、義務と責任、弾劾と解任について定めている。その中でもっとも重要なのは、同条 1 節 1 項の「執行権は、アメリカ合衆国大統領に属する」という条項であろう。ごく短い文言の中に、大統

領の権限と性格に関する三つの重要なポイントが含まれている。

(1) 大統領の執行権

その第一は、大統領へ「執行権」（"the executive Power"[4]）と呼ばれる権限を与えたことである。

そもそもこの「執行権」とは何であろうか。憲法第2条に定義はない。記されているのは、この語の用例と、いくつかの具体的な権限のみである。まず、大統領就任時の宣誓について定める同条1節8項に、「大統領は、その職務執行に先立ち」[5]（"Before he enter on the Execution of his Office"）とあり、また宣誓の内容として「私は、合衆国大統領の職務を忠実に執行し」（"I will faithfully execute the Office of the President of the United States"）という文言があって、大統領の職務を「執り行う」という意味で用いている。また第2条3節には、「大統領は法が忠実に執行されることに責任をもつ」（"He shall take Care that the Laws be faithfully executed"）という文言があり、大統領は法執行に関する最高責任者であると解される[6]。

執行権の内容と範囲を理解するうえで参考になるのは、立法権と司法権に関する憲法の条文である。立法権について定める第1条1節は、「ここに付与されるすべての立法権は、（中略）合衆国連邦議会に属する」と規定し、連邦議会の立法権を「ここに（すなわちこの憲法によって）付与される」（"herein granted"）範囲に限定している。したがって第1条が列挙する以外の立法権（具体的には州の立法権）を、連邦議会は行使できない[7]。

同様に司法権について定める第3条1節は、「合衆国の司法権は、一つの最高裁判所、および（中略）下級裁判所に属する」と定めている。この条文も、連邦裁判所の権限の範囲を、「合衆国の」（"of the United States"）司法権に限定しており、各州の司法権行使には原則として介入できない。

大統領へ与えられた執行権には、対照的に何も限定がない。このことは大統領権限の性質と範囲を考えるうえで重要である。

(2) 「1人の」大統領への権限集中

第二は、この権限が特定の機関や複数の人間ではなく、「アメリカ合衆国大

統領」（"a President of the United States of America"）という 1 人の人物に、すべて与えられたことである。この点は、立法権を多数の議員で構成される「合衆国議会」（"a Congress of the United States"）に与えた憲法第 1 条 1 節の規定、司法権を多くの判事からなる「1 つの最高裁判所、および（中略）下級裁判所」（"one supreme Court, and . . . inferior Courts . . . ."）に与えた第 3 条 1 節の規定と対照的である。[8]

　もちろん連邦執行府にも、官僚、外交官、軍人など、膨大な数の職員がいるが、国務長官や国防長官などの高官を含めて、すべて大統領の部下である。大統領はいつでも彼らを解任できる。彼らは大統領一人に与えられた執行権の行使を、大統領から一時的に委任されているにすぎない。執行権は大統領という一人の人物が独占的に有し行使する点で、きわめて特異な性格を有している。[9]

(3) 「アメリカ合衆国」の大統領

　第三に、大統領は「合衆国」（"the United States"）の大統領であって、単なる執行府の長ではない。英国から独立した 13 の旧植民地（"states"）を一つに束ねるために制定された連合規約の下でも、president という役職が設けられていたが、議会の委員会の長にすぎず、ごく限られた権限しかもたなかった。

　名前こそ連合規約の president を踏襲したものの、新憲法の下での大統領は全く次元の違う存在である。国民に選ばれ、憲法が与えた権限を行使する最高位の公務員であるだけではない。君主を廃したアメリカ合衆国の仕組みの中で、議会からほぼ完全に独立し、広範な執行権を行使し、対外的に合衆国を代表し、元首の役割を果たし、国を守り福祉を達成するために、公式には夜も眠らず国民のために働き続ける特別な人物。「合衆国大統領」（"President of the United States"）には、そのような意味が込められている。[10]

2　強い大統領をめざした理由

　このように憲法が大統領の独立性を保障し、広範で大きな権限を与えた理由は、おそらく二つある。一つは憲法によって誕生した連邦議会の力を抑制するためであり、もう一つは大統領が外交、安全保障の分野で中心的な役割を果たせるようにするためである。

(1) 議会の暴走に対する歯止め

弱体な連合議会の経験を踏まえ、憲法制定者たちは州から独立した立法権限を新しい連邦議会に与えた。しかし連邦議会が与えられた権限を濫用して暴政に走るのを恐れ、連邦議会の権限を抑制する必要も感じた。

憲法制定者たちは、大統領がこの役割の一部を果たすのを期待する。大統領の独立を保障し広範な権限を与えることによって、連邦議会、特に下院の暴走を防ごうとしたのである[11]。これは憲法の基本原則である権力分立による抑制と均衡の仕組みの一部である[12]。

(2) 外交と戦争の権限

一方、旧植民地の連合にとりわけ欠けていたのが、共通の外交政策と安全保障政策を立案し実行する能力であった。ヨーロッパの列強は新大陸での利権を拡大しようと狙っており、憲法制定による合衆国創設の目的の一つは、こうした脅威へ効果的かつ集中的に対処することであった。

このような状況の下で、大統領には外交と安全保障の分野で強い指導力を発揮することが期待された。憲法第2条2節1項が大統領を陸海軍ならびに連邦軍に編入された各州民兵の最高指揮官に任じ、同条2節2項が条約を締結し主要な外交官と軍人を任命する権限を大統領に与え、さらに同条3節が他国の外交使節を接受する義務を大統領に課すのは、そのためである。

ところで外国からの侵略など火急の際には、迅速かつ柔軟な対応が必要になる。その際、大統領がどんな権限を必要とし、どのような手段でそれに対抗せねばならないかは、事前にわからない。そうであれば、大統領の外交権限や戦争権限を最初から細かく規定しておくのは賢明でない。憲法制定者たちはそう考えて、大統領の権限を意図的に広くおおまかに規定したようだ[13]。

3 強いけれども強すぎない大統領

このように憲法制定者たちは、大統領が連邦議会への対抗力として機能すること、また外交・安全保障の分野で柔軟な対応をすることを期待し、アメリカ合衆国を束ねる最高指導者としての「大統領」に広範な権限を与えた。しかし

無制限な権限を与えたわけではない。もしそうであれば、第2条の冒頭で「執行権は大統領に属する」とだけ定めておけば、それ以上何も規定する必要はなかった。実際には憲法は、大統領の権限、責任、義務に関して他にも規定を設けている。これは大統領の権限をある程度明確にして、そのおおまかな範囲を示すためだったと考えられる。

憲法の制定者たちはたしかに強い大統領を望んだけれども、同時に強くなりすぎるのを恐れてもいた。彼らはごく最近まで国王ジョージ3世の圧政に苦しみ、宗主国イギリスと戦って独立を勝ちとったばかりである。議会が強くなりすぎるのを恐れたのと同様に、大統領がかつての国王のように専制に走り国民の自由を侵害することを防ぎたかった[14]。したがって憲法第2条は、強い大統領を希求する内容と強すぎない大統領を求める内容とを、別々にあるいは同時に規定している。

(1) 大統領選出の方法

大統領権限に関する憲法のこの二面性は、まず大統領選出の方法に内含されている。すなわち、憲法第2条1節2項、3項、4項が定める、各州で選出された選挙人が大統領を投票で選ぶ間接選挙の仕組みである[15]。

憲法制定会議では、大統領をどうやって選出するかについて意見が対立し、なかなか合意が得られなかった。一部の代表は直接選挙によって大統領を選出すべきだと主張した。それによって州や議会の意向に左右されない独立性の高い大統領が実現し、強いリーダーシップの発揮が可能になると考えた。これに対して強すぎる大統領を嫌う代表たちは連邦議会が大統領を選ぶ方式を主張し、議会を通じて大統領の権限を制限しようとした。どちらの案にも一長一短があり、大きな州と小さな州の利害の対立がからんでいた。

このうち、直接選挙で大統領を選ぶという案は、当時としてはあまりにも革新的であり前例もなかったので、早々に退けられる。その代案が、選挙人を介して大統領を選ぶ間接選挙の仕組みである。

選挙人の数は単純な人口比で決めず、各州選出の下院議員の数（人口比で決定）に上院議員の数（人口にかかわらず各州2）を足したものとされ[16]、どんなに小さな州にも下院議員1プラス上院議員2、合わせて3人の選挙人を配分した[17]。そ

れでも人口の多い州が有利なことは明らかである。選挙人の投票によって過半数を獲得した候補が、大統領に選出される。ただし過半数を獲得した候補がいない場合には、下院で各州が1票を投じて大統領を決定するという、小さな州の利益を反映した条項が加えられた。[18] この場合には各州対等の立場で、議会が大統領を選ぶ。

(2) 大統領の任期

大統領の任期に関する憲法の規定にも、この二面性が存在する。憲法第2条1節1項は任期を4年と定めたが、これは大統領の独立性を保障し、存分に職務を執行できるようにするためであった。現代の感覚では、4年の任期は特に長くない。[19] しかし合衆国憲法の前身である連合規約の下で、連合議会のpresident の任期は1年であったし、13 あったステートの知事のうち、10 の任期がそれぞれ1年である。もっとも任期の長い知事でも3年にすぎない。4年の任期は当時としては異例の長さであった。再選を妨げる規定もなく、大統領は少なくとも4年のあいだ、再選されればさらに4年、安定した地位を与えられた。

しかし任期は任期である。再選されなければ任期が終わり次第、大統領はその地位を去らねばならない。しかも多選を妨げる規定がなかったにもかかわらず、初代大統領のワシントンが二期務めた後で引退したため、その後の大統領も三期目は目指さないことが憲法上の慣習になった。[20]

(3) 弾劾と解職

大統領は原則として罷免できない。議院内閣制をとるイギリスや日本のように、議会の信任を失って辞職するというシナリオがない。支持率がどれほど低下しても職に留まる。これもまた、大統領の独立性を支える仕組みである。ただし憲法は、きわめて例外的な場合に限って大統領を辞めさせる道を用意した。大統領弾劾と解職の仕組みである。

憲法第2条4節は、「大統領（中略）は、反逆罪、収賄罪その他の重大な罪または軽罪につき弾劾の訴追を受け、有罪の判決を受けたときは、その職を解かれる」と定める。弾劾の訴追権限は議会下院、弾劾裁判を行う権限は上院に[21]

ある。弾劾裁判で有罪にするには、出席上院議員の3分の2の賛成を要する[23]。したがって、弾劾によって大統領を解職するのは可能であるが、それには「反逆罪、収賄罪、その他」の重大な犯罪実行が要件とされており、ハードルがきわめて高い[24]。ただの失政では大統領をクビにできない[25]。

(4) 大統領の個別権限と義務・責任

憲法第2条はその2節以下で大統領にいくつか個別の権限を与え、また特定の義務と責任を課している。これらの規定にも、上記の二面性が顔を出す。

たとえば前述のとおり、大統領が全軍の最高指揮官であると規定する第2条2節1項は、有事の際大統領が武力を行使する、いわゆる「戦争権限」の主たる根拠となっているが、憲法は宣戦布告の権限など、戦争権限を議会にも与えている[26]。大統領の戦争権限と議会の戦争権限の境は必ずしもはっきりせず、しばしば問題になる。しかしそうした議論が起こることもまた、大統領の大きな戦争権限を議会に抑制させるという、制定者の意図だったように思われる。

同様に第2条2節2項は大統領に条約を締結する権限を与えたが、出席上院議員3分の2の助言と同意を条約発効の条件としている。また、同項で大使、公使、領事、最高裁判所判事、軍人などその他の合衆国政府の官吏を任命する権限を大統領に与えたけれども、これら高位の公務員任命にも上院の助言と同意が必要である。大統領は戦争権限、条約締結権、人事権などの行使にあたって、議会上院の協力を必要とする。

さらに第1条7節3項は、議会が可決した法案等の承認権と拒否権を大統領に与えている。国民の代表である議会の多数が可決した法案の法律としての発効と執行を拒否できる、きわめて大きな権限である。ただし同項は同時に、両院の3分の2の票によって大統領の拒否権行使をくつがえす権限を議会に与えている。通常の多数決よりはハードルが高いものの、議会がどうしても制定したい法律は大統領の抵抗を乗り越えて制定することが可能である。

その他にも、第2条2節1項は、閣僚の意見を書面で求める権限と恩赦を与える権限を、同条2節3項は、上院休会中に生じた官吏の欠員を埋める権限を、同条3節は、非常時に議会を召集する権限を、大統領に与える。さらに同条3節は、随時、連邦議会に対し連邦の状況に関する情報を提供し、自ら必要

かつ適切と考える施策について審議するよう勧告すること、外交使節を接受することと（既述）、法律の忠実な執行に責任をもつこと（既述）、合衆国のすべての官吏に辞令を交付することを、大統領の義務・責任として規定している。第2条2節と3節が規定する大統領の個別の権限と義務は、第2条1節1項が限定をつけずに大統領に与える「執行権」の一部にすぎないのかどうか、大統領の個別権限と包括的な「執行権」はどのように関係するのか、憲法には明確な規定がなく、のちに大統領権限の範囲と限界に関する数々の論争に発展する。

おわりに

現代の大統領権限を理解するうえで、合衆国憲法の個々の条項は必ずしも決定的な要素ではない。今日のアメリカ政治は、憲法の条文が規定する枠組みの中でのみ動いているわけではないからである。そもそも憲法が想定した建国当初の大統領と現代の大統領とでは、その任務、役割、能力が全く異なる。

また合衆国憲法は大統領の権限についてその大要を定めたが、実際に憲法の下で大統領に何ができて何ができないのかは、合衆国の誕生後、具体的な問題に直面してなされた憲法の解釈を待たねばならなかった。大統領、連邦議会、さらには最高裁判所による憲法の解釈によって、また解釈の対立によって、大統領権限がどのように変化してきたかは、本書第3章で明らかにされよう。

しかし約230年前に制定された大統領権限に関する憲法の規定は、今でもなお有効である。そしてワシントン初代大統領就任からトランプ大統領の今日まで、大統領権限の範囲についての多くの論争は、憲法の規定をいわば基準値として行われてきた。時代の状況により、また問題の性質によって、大統領と議会、大統領と司法、大統領と州や個人の力関係は変化する。それにともなって大統領権限も伸びたり縮んだりする。その伸縮する大統領権限を計測し評価するのに、憲法は欠かせない。

憲法の制定者たちは、大統領に関する憲法の規定を窮屈で細かいものにはしなかった。むしろ将来必要に応じて大統領が大きな力を行使することを可能にし、同時に歯止めをかける仕組みをつくった。憲法が規定した大統領権限の中身は古いかもしれないが、大統領権限行使が適正かどうかを論じ判断する基準

26 第Ⅰ部 アメリカ大統領とはなにか

としては、今でも役に立っている。そのような憲法をつくった人たちは、やはり偉大な先覚者であった。

[注]

1) "By the frame of the Government under which we live this same people have wisely given their public servants but little power for mischief, and have with equal wisdom provided for the return of that little to their own hands at very short intervals. While the people retain their virtue and vigilance no Administration by any extreme of wickedness or folly can very seriously injure the Government in the short space of four years."

2) "I am the President of the United States of America clothed in immense power. You will procure me these votes!"

3) この発言は、20年後に残されたある下院議員の回想（それも又聞き）に基づいており、リンカーン大統領が実際にこう述べたという直接の証拠はない。

4) "the executive Power" はときに「行政権」と訳されている。

5) 下線筆者。以下同じ。

6) 注意すべきは、the Laws は議会が制定した法律（statutes）より広い概念であり、制定法に限らないことである。憲法の条文、ならびにそれ以外の不文「法」が含まれると考えてよい。もちろん何が the Laws であるのかについての定義はなく、その解釈が、大統領と議会、大統領と司法のあいだでしばしば食い違う。なお、憲法の制定者たちがおそらくは参考にした、英国王が即位の際に行う宣誓の文言（1689年制定）には、国王は「議会が制定した法律に従って」統治を行うとしている。合衆国大統領はイギリス国王よりも、議会から独立しているといえるだろう。

7) 憲法制定後に権利章典の一部として設けられた憲法修正第10条は、「この憲法が合衆国に委任していない権限または州に対して禁止していない権限は、各々の州または人々に留保される」と定め、この点を再確認した。

8) 憲法第1条2節5項が定める合衆国議会下院議長と、同条3節4項が定める合衆国議会上院議長（副大統領が兼任する）は、それぞれの院の代表としての任務と役割を有するが、個人として立法権を与えられているわけではない。同様に、連邦司法を代表し、さまざまな任務と役割を有する合衆国最高裁判所首席判事も、判事としての本来の権限と責任は他の最高裁判事8人と変わらず、個人として司法権を与えられているわけではない。

9) 憲法が執行権を1人の大統領に集中し、大統領に独占させた理由については、憲法制定の中心人物の1人アレクサンダー・ハミルトンが、憲法草案を解説し憲法制定の必要性を訴えた『ザ・フェデラリスト』の第70篇で詳しく解説している。ハミルトンは執行権を1人の人間に集中することによって責任が明確化する点を、特に強調する。「人民の不信と監視の対象としては、単一の対象であったほうがはるかに安全なのである。」A・ハミルトン＝J・ジェイ＝J・マディソン著、斎藤眞＝中野勝郎編訳『ザ・

第2章　憲法からみたアメリカ大統領　27

　　フェデラリスト』（岩波書店、1999 年）326 頁。

10)　Akhil Reed Amar, *America's Constitution, A Biography* (Random House, 2006) p. 132.

11)　議会からの大統領の独立を保障するために、憲法第 2 条 1 節 7 項は、大統領が受け
　　取る報酬額は任期中に増額も減額もされないと定める。また第 1 条 6 節 2 項は、連邦
　　議員がその任期中に創設されたあるいは増俸された合衆国の他の公職につくことを禁
　　止すると同時に、合衆国の公務員が、在任中連邦議会の議員になることを禁止する。
　　これらの規定はいずれも大統領と議会両方の独立を保障し、利益相反を防ぐものである。

12)　マディソンは『ザ・フェデラリスト』第 51 篇で、特定の政府部門が強くなりすぎる
　　のを防ぐ最大の保障は、「各部門を運営する者に、他部門よりの侵害に対して抵抗す
　　るのに必要な憲法上の手段と、個人的な動機を与える」ことにあると述べる。「野望
　　には、野望をもって対抗させなければならない」という彼の考え方は、きわめて現実
　　的である。ただし「立法部はその強力さのゆえに（中略）二院に分割する必要がある
　　とすれば、行政部はその脆弱さのゆえに強化する必要がある」と述べるマディソンが、
　　行政部（大統領）よりも立法部（議会）による権力侵害を危険視し恐れていたのは、
　　興味深い。前掲『ザ・フェデラリスト』238-240 頁。

13)　ハミルトンは『ザ・フェデラリスト』の第 23 篇で、「共同防衛のために連邦政府に
　　必要な（中略）権限は、何らの制限なしに与えられるべきである。というのは、国家
　　存亡の危機について、その範囲や種類をあらかじめ予測し定義しておくことは不可能
　　であり、かつまた危機を克服するに必要と思われる手段について、そのしかるべき範
　　囲や種類をあらかじめ予測し定義してくことは不可能だからである」と述べた。前掲
　　『ザ・フェデラリスト』104-105 頁。

14)　「アメリカ国民はジョージ（国王）から守ってくれる大統領を望んだが、大統領がも
　　う一人のジョージ（国王）になるのは好まず、その結果ジョージ（ワシントン）を大
　　統領に選んだ」。前掲 *America's Constitution, A Biography*. p. 131.

15)　のちに憲法修正第 12 条と第 20 条によって内容の一部が変更もしくは追加された。

16)　「各々の州は、その立法部が定める方法により、その州から連邦議会に選出すること
　　のできる上院議員および下院議員の総数と同数の選挙人を任命する」（憲法第 2 条 1
　　節 2 項）

17)　上記憲法第 2 条 1 節 2 項の規定と、「各々の州は少なくとも 1 人の下院議員を選出す
　　るものとする」（第 1 条 2 節 3 項）、「合衆国上院は、各州から 2 名ずつ選出される上
　　院議員でこれを組織する」（第 1 条 3 節 1 項）を合わせて解釈。

18)　「過半数に達した者がいないときは、下院は直ちに無記名投票により、大統領として
　　の得票者一覧表の中の 3 名を超えない上位得票者の中から、大統領を選出しなければ
　　ならない。但し、この方法により大統領を選出する場合には、投票は州を単位として
　　行い、各州の議員団は 1 票を投じるものとする。この目的のための定足数は、全州の
　　3 分の 2 の州から 1 名または 2 名以上の議員が出席することを要し、大統領は全州の
　　過半数をもって選出されるものとする」（憲法第 2 条 1 節 3 項の規定を変更した修正
　　第 12 条）。なおこの規定は、選挙人の投票で過半数をとる候補は少なく、多くの場合
　　下院での決戦投票にもち込まれるとの予想に基づいて制定されたものである。しかし
　　実際には、建国後ほどなく二大政党制が確立したため、下院での決選投票にもちこま

れた大統領選挙は、1800 年と 1824 年の 2 回しかない。

19) フランスや韓国などの大統領の任期は 5 年である。ただし韓国の大統領は再任を禁止されている。

20) 唯一の例外が、大恐慌のさなかに就任し第二次世界大戦の最後の年、四期目就任の 3 ヶ月後に急死するまで大統領の地位に留まったフランクリン・ローズヴェルト大統領である。同大統領の場合、国難を挙国一致体制の下で乗り越えるために強い指導者が必要であったため反発は少なかったが、戦後の 1951 年、三選を禁止する修正第 22 条が制定され、建国以来の憲法上の慣習が憲法の条項になった。

21) 「弾劾の訴追権限は下院に専属する」(憲法第 1 条 2 節 5 項)

22) 「すべての弾劾を裁判する権限は、上院に専属する」(憲法第 1 条 3 節 6 項)

23) 「何人も、出席議員の 3 分の 2 の同意がなければ、有罪の判決を受けることはない」(同上)

24) 実際に合衆国の歴史上、議会下院によって弾劾された大統領はアンドリュー・ジョンソン大統領とビル・クリントン大統領の 2 人しかおらず、しかも両名とも上院での弾劾裁判で無罪の判決を受けている。

25) もう一つ、憲法修正第 25 条が規定する、身体的もしくは精神的に執務が不可能になった大統領を本人の意図に反して職務から解くという規定がある。「副大統領、および行政各部の長または連邦議会が法律で定める他の機関の長のいずれかの過半数が、上院の臨時議長および下院議長に対し、大統領がその職務上の権限および義務を遂行できない旨を書面で通告したときは、副大統領は、直ちに臨時大統領として、大統領職の権限および義務を遂行するものとする」(修正第 25 条 4 節 1 項)。「その後、大統領が上院の臨時議長および下院議長に対し、職務遂行不能状態は存在しない旨を書面で通告したときは、大統領はその職務上の権限および義務を回復する。但し、副大統領および行政各部の長または連邦議会が法律で定める他の機関の長のいずれかの過半数が、4 日以内に、上院の臨時議長と下院議長に対し、大統領がその職務上の権限および義務を遂行できない旨を書面で通告したときは、この限りでない。この場合には、連邦議会は、開会中でないときには 48 時間以内にその目的のために集会し、問題を決定するものとする。連邦議会が、大統領が職務上の権限および義務を遂行することができない旨を通告する書面を受理してから 21 日以内に、または、連邦議会が開会中でないときは、集会の要請があってから 21 日以内に、両議院の 3 分の 2 の投票により、大統領はその職務上の権限および義務を遂行することができない旨を決議したときは、引き続き副大統領が臨時大統領としてかかる権限および義務を遂行する」(修正第 25 条 4 節 2 項)。ただし修正第 25 条が制定された 1967 年から今日まで、この規定が実際に適用されたことはない。

26) 「公海上で犯された海賊行為および重罪行為ならびに国際法に違反する犯罪を定義し、これを処罰する権限」(憲法第 1 条 8 節 10 項)、「宣戦を布告(中略)する権限」(同 11 項)、「陸軍を編成し、これを維持する権限(後略)」(同 12 項)、「海軍を創設し、これを維持する権限」(同 13 項)、「陸海軍の統帥および規律に関する規則を定める権限」(同 14 項)、「(前略)民兵団を召集する法律を制定する権限」(同 15 項)、「民兵団の編制、武装および規律に関する定めを設ける権限(後略)」(同 16 項)

第**3**章

大統領権限の変遷

──建国期から革新主義の時代にかけて

梅川　健

はじめに

　アメリカ大統領の権限は合衆国憲法第 2 条において定められたが、権限の具体的内容や、大統領と議会、行政組織との関係は必ずしも明らかでなかった。本章では、建国期から 20 世紀初頭にかけての大統領権限の変遷を追う。大統領権限は、大統領がどのような憲法解釈を採用し、どのように行動するかという具体的な事案の積み重ねによって定まっていく。ただし、大統領は憲法解釈に支えられさえすれば自由に行動できるわけではなく、政治状況による制限も受ける。特に、どのように大統領が選ばれるかは、大統領を大きく制約する。

　本章では大きく三つの時期を扱う。建国期と、1820 年代に始まるジャクソニアン・デモクラシーの時期、それから 19 世紀末から 20 世紀初頭の革新主義の時期である。これらの時期はアメリカ史の中でも大きな変化が起きたことで知られているが、大統領権限にも重大な変化が生じていたのである。[1]

1　建国期の大統領制

(1)　大統領の選ばれ方──ジョージ・ワシントンという例外

　どのように大統領が選ばれるのかは、選ばれた大統領の行動を制約する。大統領選出に影響力をもつアクターがいる場合、そのアクターは大統領の権限行

30 第Ⅰ部 アメリカ大統領とはなにか

使にも、やはり影響を与える。時代とともに大統領選出方法は変わり、大統領
への制約の様態も変化し、大統領権限にも変化を及ぼす。

　大統領選出方法は憲法ではどのように定められていただろうか。合衆国憲法
の第2条1項が仕組みを定めているが、それは今日でいうところの本選挙の手
続きであり、政党内の候補者選定（予備選挙・党員集会）についての規定はない。
党内候補者選定は建国期から今日まで、憲法に定めのないプロセスである。憲
法制定会議では、候補者は選挙のたびに州議会やアドホックに形成される集団
から推挙されるものと考えられていたようである。

　憲法が規定を設けるのは、候補者が出そろった後の手続きである。各州は、
それぞれが選出する上下両院の議員数と同数の選挙人を選出する。各州の選挙
人はそれぞれが2票をもち、候補者2名に票を投じ、最多票を集めた候補が大
統領に、次点の候補は副大統領になる。憲法制定者たちは、もっとも優れた人
物が大統領に、次に優れた人物が副大統領になるということを期待していた。
選挙制度の設計にあたって、党派や政党は前提とされていなかったのである。

　この仕組みによって最初の選挙が行われ、ジョージ・ワシントンが大統領に、
ジョン・アダムズが副大統領になった。ワシントンは選挙人の全員の票を得て
大統領に選出されていた。アメリカ史を通じて、満票で大統領になったのはワ
シントンのみである。ワシントンは、初代の大統領であるということに加え、
選ばれ方という点でも例外的だった。後の大統領と比べて制約が少ない状況で、
ワシントンは大統領権限の中身を定めていく。

(2)　大統領と罷免権

　1789年、法律によって外務省（後に国務省に改称）、財務省、軍務省（後に海
軍省とに分割）が置かれ、郵政事業の長として郵政長官が、政府の最高の法律
顧問として法務総裁が置かれた。[2)]

　外務省設置の際に、これらの行政組織ならびに官職の統制について、大統領
がどれほどの役割を果たすべきかが問題となった。具体的な焦点は、任命にお
いて上院の「助言と承認」を必要とする官職の罷免権の所在だった。大統領は
行政官を単独で罷免できるのだろうか、それとも、任命時と同じく、上院の同
意を必要とするのだろうか。

ワシントンには、財務長官となるアレクザンダー・ハミルトン、国務長官となるトマス・ジェファソンに加え、議会にジェイムズ・マディソンという助言者がいた。罷免権については、マディソンがワシントンを助けた。マディソンは、もしも大統領に行政官の罷免権がなければ、大統領は行政組織を統制することはできず、大統領が行政に責任をとることもできないと主張した。[3]外務省設置法では、大統領単独の罷免権が確認された。法律では、罷免権は議会から大統領へと委譲されたという形をとるのではなく、大統領に与えられた広範かつ固有の執行権の一部とされた点が重要であった。

大統領は行政官に対する罷免権をもつということが立法の中で明らかにされたのである。これにより大統領は、行政官と行政組織の統率者としての地位を確かなものにしていく。[4]

(3) 外交における大統領優位の確立

大統領は、上院の「助言と承認」を得て条約を締結する権限をもつ。具体的には3分の2の上院議員の賛成が必要だと憲法は定めた。それではいったい、どの段階で上院の「助言と承認」は必要になるのだろうか。

ワシントン大統領は当初、条約の草案段階で上院からの助言を得ようとした。1789年、ワシントンはクリーク・インディアンとの条約案を携えて上院議場に赴いたものの、大統領が臨席していては忌憚のない議論はできないとして、委員会付託とされた。その場で十分な議論がなされなかったことに失望したワシントンは以後、相手側と合意した条約の批准段階で上院に承認を求めるようになった。これが今日まで続く先例となった。上院は、条約案の内容を事前に議論する機会を失い、外交政策形成における大統領の優位がここから定まっていく。[5]

また、ワシントン大統領は条約締結手続きに下院が介入できないことも確認した。1796年3月、下院はすでに結ばれていたジェイ条約について、関連するすべての文書を下院に公開するよう求める決議を採択した。下院議員たちは、上院だけでなく下院も条約締結プロセスに加えるよう求めたのである。これを、ワシントンは断固として拒否した。この出来事は、下院が条約締結手続きに介入できないという先例となった。[6]

32　第Ⅰ部　アメリカ大統領とはなにか

　外交政策における大統領の決定権にとって試金石となったのは、1792年4月にワシントンが出した「中立宣言」であった[7]。ワシントンは、フランス革命を受けて始まろうとしていた英仏間の戦争にアメリカが巻き込まれないよう中立を宣言したが、このとき、大統領には中立を単独で宣言することができるのかが問題になった。ワシントンを支えてきた建国の父祖たちの間で意見対立が生じたのである。

　ハミルトンは、議会による宣戦布告がなされていない場合、大統領には外交上の選択肢としてアメリカの中立を宣言する権限があると助言した。対して、ジェファソンは、中立の宣言は戦争状態に入らないという宣言であり、宣戦布告をするかしないかは議会が判断すべき事柄にあたると主張した[8]。ハミルトンはジェファソンよりも、「外交」の範囲を広く捉えていたといえよう。ワシントンはハミルトンの意見を入れて、「中立宣言」を出した。大統領の外交権限が広く設定される契機となった。

(4)　変化する大統領選出方法——憲法が党派を認めるとき

　ワシントン大統領は憲法解釈と行動の積み重ねによって、行政組織の統制と、外交における大統領の優位を確立していった。大きな足跡を残したワシントンが去った後、大統領選出方法に変化が生じる。1804年の合衆国憲法修正第12条の成立である。

　この修正は、当初の規定の不備を是正するものだった。選挙人が2票を同時に投じ、最多得票の者を大統領に、次点の者を副大統領にするという当初の規定は、1796年と1800年の選挙でそれぞれ問題を起こした。建国期には連邦政府の役割を広く捉える連邦派と、狭く捉える共和派が存在していたが、1796年選挙の結果、連邦派のアダムズが大統領に、共和派のジェファソンが副大統領となった。「分裂した執政府」を生み出してしまったのである。1800年の選挙では、共和派のジェファソンとアーロン・バーが同数で最多得票者となった。この場合は下院が大統領を決定するとしていたが、結局36回もの投票を経てジェファソンが勝利した[9]。

　これらの不備を是正するための新しい手続きでは、選挙人は大統領候補と副大統領候補に、1票ずつ別々に投じることになった。憲法修正は大統領候補と

副大統領候補というチケットに基づく投票を可能にするとともに、そのような投票行動を選挙人に促すことになった。つまり、修正第12条は、アメリカ政治における党派の存在を認めるとともに、固定化する役割を果たしたのである。同時に、大統領と副大統領の党派が異なるという状況は生じにくくなった。このことは、大統領による執政府の一元的な管理を可能にする変更でもあった。

　大統領選出における党派の重要性の高まりは、議会内における政党組織の発展を促した。ジェファソン大統領の統治は議会の共和派指導部と協力するところに特徴があった。両者の意見交換の場としては、議会コーカスと呼ばれた党派指導部の集会が重用された。

　ジェファソンは「中立宣言」をめぐっては憲法の厳格な解釈を主張したが、ルイジアナ購入にあたり大統領権限の拡張に与した。憲法は連邦の領土拡大について、明示的には議会にも大統領にも権限を与えておらず、ジェファソンは当初、憲法修正によって領土拡大の権限を獲得しようとした。しかしながら、憲法修正には時間がかかり、ナポレオンとの交渉をふいにする危険があるという理由で、ジェファソンの側近は憲法改正に反対した。結局、大統領の条約締結権は、どのような内容の条約でも締結することを大統領に許しているのだという解釈をジェファソンは採用し、ルイジアナ購入に踏み切ったのである。外交における大統領の権限は、条約締結権を梃子に広げられたのである。[10]

　大統領選出方法に話を戻すと、議会コーカスは1808年以降、実質的に候補者選定の機能を果たすようになる。この年、大統領候補をめぐり路線対立が起きた。最終的にはマディソンが共和派の候補者として選ばれ、連邦派の候補者を破り大統領になるが、コーカスが大統領候補を実質的に決定するようになったことが、大統領と議会の関係性を変化させていく。大統領に選出されるには議会の大物議員の支持が必要だということになれば、そうではなかった時期に比べて議会からの制約は強まる。コーカスによる大統領候補選出をきっかけに、議会は大統領に対する影響力を強めたのである。[11] しかしながら、この選出方法にはすぐに限界が訪れることになる。

2　19世紀的大統領制

⑴　大統領候補選定プロセスの変化

　建国期に成立したコーカスによる大統領候補選出は、建国の父祖という人材のプールから候補者を絞り込むという性質のものであり、革命の英雄たちが政治の舞台から去るとともに時代遅れになるという運命にあった。議会コーカスは早くも 1824 年の大統領選挙の時点で候補者を絞れなくなっていた。最終的にはジョン・Q・アダムズが当選したが、州議会に擁立された候補者のアンドリュー・ジャクソンが躍進した。1828 年の大統領選挙ではもはや議会コーカスが候補者を選定することなく、州議会が推したジャクソンが大統領に当選する[12]。

　ジャクソン大統領を選出した選挙ではさらに二つの大きな変化が生じていた。一つはよく知られているように、投票資格に対する財産制限の撤廃による白人男子普通選挙制の普及である。これと同時に、各州における選挙人の選出方法が変わりつつあった。憲法は、各州に割り当てた選挙人をどのように選出するかを各州の裁量に任せており、建国期には 3 つの選挙人選出方式が試された。第一に、州議会が選挙人を選出する方式である。この方式では州議会の多数派が選挙人の選出を独占するが、そこで選ばれた選挙人は、最終的な投票で大統領候補を自由に選んだ。第二の方法は、州内をいくつかの選挙区に分けた州民選挙方式である。各選挙区で選ばれる選挙人は、どの候補に投票するかを拘束されていた。各選挙区で結果が異なれば、同じ州選出の選挙人であっても投票先はまとまらなかった。第三に、州全体を一つの選挙区とした州民選挙方式である。この場合も、選ばれた選挙人は投票先を拘束されていた。全体を 1 区とするので、選出される選挙人の投票先は 1 人の候補に定まった。この方式は候補者からすると勝者総取り方式である。各州はこの 3 種を試し、第三の勝者総取り方式に収束していった。この方法だけが、州選出の選挙人の投票先が 1 つに定まり、大統領選挙において州としてのプレゼンスを確保できるからである[13]。今日では 2 州を除いて採用されるに至っている。

　1824 年の時点では 24 州のうち 12 州が勝者総取り方式を採用していた。この方式は、選挙人の選出に対する州政治のエリートの影響力を弱め、一般の有

第 3 章　大統領権限の変遷　35

権者の影響力を強める効果ももっていた。ジャクソンは、この方式が広まる中で大統領に当選したのである。

　従来の大統領選出プロセスでは、候補者になるために議会コーカスの有力議員に推される必要があり、その上で州政治のエリートの選ぶ選挙人の支持を集めなければならなかった。しかしながら、議会コーカスは候補者選出の力を失い、一般有権者が選挙人選出に重要になった。大統領の選ばれ方が大きく変わったのである。この変化は大統領と議会の関係を変え、大統領権限の拡大へとつながっていく。

(2)　ジャクソン大統領と拒否権

　ジャクソン大統領は拒否権を強化した。合衆国憲法は、大統領に法案に対する拒否権を与えているが、拒否権をどのように行使するべきかについては沈黙している。建国期から二つの見解が対立していた。ワシントンは拒否権を法案が違憲であると考えられるときに行使するべきだと考えていた[14]。ジェファソンも、大統領が拒否権を行使するのは、法案が憲法に違反していることが明らかな場合に限られるべきだと主張していた[15]。対してハミルトンは、大統領は違憲性だけを拒否権の根拠に限る必要はなく、法案によって公共の利益が犠牲にされる場合にも用いることができるとした[16]。

　実際の運用をみてみると、アメリカ合衆国が建国されてから 28 年間で 4 名の大統領が 7 つの政権を担当しており、この間、拒否権はわずか 9 回（内 2 回はポケット拒否権）行使されたのみであった。拒否権の理由として、憲法上の理由と政策上の理由の双方がみられる。ワシントン大統領は、それぞれの理由で一度ずつ拒否権を用いている。マディソン大統領は、憲法上の理由で 4 回、政策上の理由で 1 回用いた[17]。建国期には、大統領による拒否権行使は稀であり、政策判断ではなく憲法判断を主たる理由としていたのである。

　この状況がジャクソン大統領の下で大きく変わる。1829 年に就任したジャクソン大統領は 2 期 8 年の間に 12 もの法案を拒否した[18]（内 7 回はポケット拒否権）。これは、大統領と議会の関係性の変化を象徴している。ジャクソン大統領による拒否権でもっとも有名な例は、第二合衆国銀行をめぐるものである。連邦政府が第二合衆国銀行に与えた特許状の期限を更新するための法案に対して、ジ

ャクソン大統領は拒否権を行使した。理由は、同銀行が特権階級を利するものであるというものであった。ジャクソン大統領は議会から独立して社会的、経済的、政治的問題について判断し、拒否権を行使した。拒否権は憲法上の理由だけでなく、政策上の理由によっても積極的に用いられるようになったのである[19]。

(3) ジャクソン大統領と猟官制

ジャクソンは、大統領と行政組織の関係性も変化させた。猟官制（スポイルズ・システム）の導入である。選挙に勝利した大統領は、その戦利品として官職を支持者に配るようになった。猟官制の導入は、行政組織に対する大統領の人事権を強化したのである[20]。

ジャクソン政権までの連邦行政組織は、長年の経験で専門知識を蓄えた官吏（多くは名望家だった）によって構成されてきたが、猟官制によって素人行政官が業務を担うようになった。このとき連邦行政府は、有能な特定の個人によって担われる組織から、入替可能な個人によって構成される官僚組織へと姿を変えたのである。この変化は行政組織に対する大統領の統制力を強めた[21]。

ジャクソニアン・デモクラシーは、通常、政治参加の拡大や機会均衡の広がりという文脈で語られるが、大統領権限という文脈においても、アメリカ政治の画期をなすものであった。

3　世紀転換期の大統領制の変容

(1) 革新主義とセオドア・ルーズベルトの大統領権限

ジャクソン大統領は大統領権限を強化したが、19世紀を通して連邦政治の中心は議会であった。国内政策の形成の主役は議会政党であり、その中でも政党指導部の役割は大きかった。議会では政党ボスたちがそれぞれの地域の利害を代表し、調整していた。この仕組みは南北戦争という失敗を生み出すが、戦後の再建期においても国内政策の形成については議会が中心であった。

19世紀の終わりになると、新しい状況が出現し、大統領と議会の役割が変化していく。資本主義の発展に伴う大資本の登場である。州境を越える商取引

第 3 章　大統領権限の変遷　37

が増大し、その規制は州政府には不可能となり、連邦政府に期待が集まる。しかし、政党ボスたちが牛耳る議会にはその大役を果たすことができない。そこで問題解決に乗り出すようになったのが大統領であった。

　棍棒外交で知られるセオドア・ローズヴェルトは、国内政治の文脈でも新しい役割を引き受けた大統領であった。1901 年にウィリアム・マッキンリー大統領が暗殺されると、副大統領であったローズヴェルトは大統領に昇格した。この昇格は、ニューヨーク州知事として活躍していたローズヴェルトを副大統領という閑職に体よく追いやった政党ボスたちにとって大きな誤算だったとされる[22]。

　ローズヴェルトは、当時のアメリカが直面していた状況への危機意識と、ハミルトン的大統領権力観をもち合わせていた。ローズヴェルトは最初の年頭教書において次のように述べる。「18 世紀末に憲法が制定されたとき、どのような叡智も、20 世紀の初めに生じた工業と政治における大きな変化を予測することはできなかった」のであり、今日では「全く違った行動が求められる」[23]。

　そこでローズヴェルトは、大統領の果たす役割を拡張するべきだと考え、「すべての行政官、とりわけ高位の行政官は人民の従僕であり」、「大統領は憲法もしくは法が明示的にそれをなすことを禁じていない限りにおいて、人民が欲することをなす法的権利をもつ」と主張した。これがローズヴェルトの「従僕としての大統領職論（stewardship theory）」として知られるものである[24]。ローズヴェルトは大統領権限を広範なものとして捉えるという点で、ハミルトンの系譜に連なっていた。

　ローズヴェルトはこのように大統領の権限を解釈し、改革に乗り出す。1902年には炭鉱ストライキに介入して労使間の調停を行い、1907 年にはウォールストリートの金融危機に介入した。中でも、大資本の規制は重要であった。ローズヴェルトは、腰の重い議会を動かすために、「議会の頭上を越えて」有権者に直接アピールすることで 1906 年にヘバン法を成立させ、州際通商委員会による鉄道規制を強化した。この法律は、連邦政府による経済規制という点で重要なのはもちろんのこと、大統領が主導的役割を果たして成立させたという点でも重要であった。ここに、議会中心の統治から、大統領中心の統治への転換の始まりをみることができる[25]。

38 第Ⅰ部 アメリカ大統領とはなにか

　ローズヴェルト大統領は自らの一連の政策を「スクウェアディール（square deal）」と呼んでいたことも指摘しておきたい。これは、経営者にも労働者にも、あるいは生産者にも消費者にも「公正な取り扱い」をするのだという方針を示す言葉であり、「公正さ」は議会でも裁判所でもなく、大統領が判断するのだという積極的な姿勢が現れている[26]。

　ちなみに、大統領が自らの政策方針にキャッチコピーをつけるというのは、セオドア・ローズヴェルトから始まる伝統である。ウィルソンは、「ニューフリーダム」、フランクリン・ローズヴェルトは、「ニューディール」、トルーマンは「フェアディール」、ケネディは「ニューフロンティア」、ジョンソンは「偉大な社会」といったように。これらは、大統領が政策の指針を決定する（できる）のだという、大統領中心の統治を象徴している[27]。次章で詳しく述べるが、このようなキャッチコピーがなくなる時代に、大統領権限もまた変化していく。

(2)　予備選挙の導入とウィルソン大統領

　19世紀を通して連邦政治の中心は議会であり、政党指導部が重要であった。大統領候補の選定でも政党指導部が中心的だった。ジャクソン大統領以降、大統領候補者の選出は政党毎の党大会で行われるようになり、各州は代議員を送り込んだ。ただし、代議員の選出方法は今日のような党員による予備選挙ではなく、地方政治の指導者が代議員となった。すなわち党大会は、各州の政党ボスたちが一堂に会する場であり、お互いの利害の調整を経て、大統領候補が選出された。つまり、大統領候補は政党指導部に頭が上がらないという構造であった[28]。

　この状況に変化が起きるのが20世紀初頭である。革新主義の改革の波に乗り、党員が代議員を選ぶ予備選挙を導入する州が現れる。候補者は、一般の党員からの支持を調達することによって、政党ボスに自らの候補者としての質をアピールすることができるようになる。政党ボスは、選挙に勝てる候補者を選ぶことで、政党の力を強化しようとする。ここに、政党ボスが独占していた候補者選定プロセスに綻びが生じる。大統領候補が自律的に動き回るようになり、政党指導部と大統領候補者の力関係に変化が起きる[29]。

　大統領候補指名のための予備選挙の導入は1910年に始まり、1920年には20

第3章　大統領権限の変遷　39

州が採用していた[30]。予備選挙での勝利によって名を挙げ、政党ボスの支持を取り付けたのが、ウッドロウ・ウィルソンであった。ウィルソンは、大統領に選出されるまで、わずか2年の公職経験（ニュージャージー州知事）をもつのみの政治的には無名に近い存在だった[31]。

　むしろ彼は、政治学者として知られていた。主著は1885年の『議会政治論』であり、そこでは議会と大統領との間で機能不全が生じていることが指摘されていた。この解決方法として当初ウィルソンは議会の権限強化を考えていたが、セオドア・ローズヴェルトの統治を目にすることで、大統領による議会の指導こそ、アメリカ政治のあるべき姿だと考えを改めた。同時に、統治構造の改革には憲法修正が必要だという従来の考えからも離れ、すでに存在する大統領の権限によっていかに政策を実現するのかが重要だと考えるようにもなった[32]。

　そこでウィルソンが重視したのが、市民とのつながりである。セオドア・ローズヴェルトも市民に直接訴えるという手法を用いていたが、常用はせずに奥の手にとどめた。ウィルソンは、市民へのアピールを通常のことにしたのである。大統領による定期的な記者会見を始めたのはウィルソンであり、議会に赴いて年頭教書演説をするというジェファソンがやめてしまった伝統を復活させたのも彼である[33]。

　ウィルソンは市民に語りかけて支持を調達し、議会と交渉した。その成果として、関税引下げとなるアンダーウッド関税法（Underwood Tariff Act of 1913）、連邦準備法（Federal Reserve Act of 1913）、連邦取引委員会法（Federal Trade Commission Act）、クレイトン反トラスト法（Clayton Anti-Trust Act）などの重要立法が成立している。

　ウィルソン大統領は、権限を行使するために用いるリソースを市民からの支持に求め、その支持を調達するための方法を確立したのである。これは、大統領による権限行使を容易にする改革であり、人々の期待を集めていくという点では権限の拡大につながるものであった。

おわりに

本章では建国期から20世紀初頭にかけて、大統領権限が変遷してきた様子

40　第Ⅰ部　アメリカ大統領とはなにか

を描き出した。建国期には、初代大統領ワシントンが大統領と行政組織の関係を規定し、外交政策における大統領優位の原型をつくり上げた。ただし、党派が連邦政治において確立していくと、大統領と議会の関係性は変化していった。

　その中で登場したのがジャクソン大統領であった。ジャクソン大統領は、議会コーカスを経由せずに大統領に選出され、議会に遠慮することなく拒否権を行使し、政策形成に介入した。猟官制を導入し、行政組織を人事によって統制するようになった。

　セオドア・ローズヴェルトは、大統領を政治の中心に位置づけようとした。憲法や法律が明示的に禁止していない限りにおいて、大統領は人々が欲することをなす権利をもつという、革新的な憲法解釈に則って行動した。ウィルソン大統領も、大統領中心の政治の実現を目指した。ウィルソンは広がり始めていた予備選挙を利用して大統領の座に就いた。議会の指導部との協力は必要であったが、政策形成をリードするのは大統領であるとして行動した。またウィルソンは恒常的に大統領の見解を市民に届けることで支持調達をし、議会を動かすという戦略を採用した。こうして、世紀転換期の大統領は、人々の期待を集めていく。次の時代、すなわちフランクリン・ローズヴェルトによる大統領権限の大変革の下地をつくったのである。

［注］
1)　アメリカ大統領制の変容を論じたものとして、斎藤眞「アメリカ大統領職の変質　素描(1)——組織化と個人化」斎藤眞著、古矢旬＝久保文明監修『アメリカを探る——自然と作為』（みすず書房、2017 年）がある。
2)　1870 年に司法省が設置され、法務総裁（Attorney General）はその長官の名称となった。長官職にもかかわらず "Secretary" の肩書きをもたないゆえんである。田中英夫『アメリカ法の歴史・上』（東京大学出版会、1968 年）138 頁。
3)　Sidney M. Milkis and Michael Nelson, *The American Presidency: Origins and Development, 1776-2014, 7th Edition* (Sage, 2016), p. 81.
4)　"Act for Establishing on Executive Department, to be Denominated the Department of Foreign Affairs," *Statutes at Large*, 1st Congress, 1st Session, pp. 28-29.
5)　Milkis and Nelson, *The American Presidency*, p. 83；田中『アメリカ法の歴史・上』139 頁。
6)　Milkis and Nelson, *The American Presidency*, p. 93.
7)　George Washington, "Neutrality of the United States in the War Involving Austria, Prussia,

Sardinia, Great Britain, and the United Netherlands Against France," April 22, 1793.

8）「中立宣言」を契機に、ハミルトンとマディソンという建国の父祖の間で、大統領権限についての公開論争が起きた。ハミルトンは「パシフィカス」、マディソンは「ヘルヴィディウス」を名乗った。「パシフィカス・ヘルヴィディウス論争」である。Alexander Hamilton and James Madison, *The Pacificus-Helvidius Debates of 1793-1794*, Morton J. Frisch ed. (Liberty Fund, 2007).

9）Louis Fisher, *The Law of the Executive Branch: Presidential Power* (Oxford University Press, 2014), 18.

10）田中『アメリカ法の歴史・上』152 頁。

11）Milkis and Nelson, *The American Presidency*, pp. 117-118.

12）Matthew A. Crenson and Benjamin Ginsberg, *Presidential Power: Unchecked and Unbalanced* (Norton, 2007), p. 2.

13）Ibid, pp. 53-54.

14）Milkis and Nelson, *The American Presidency*, p. 82.

15）Charles A. Beard, *American Government and Politics* (Macmillan Company, 1914), p.202.

16）ハミルトン「第 73 篇　大統領の独立性と拒否権」アレグザンダ・ハミルトン＝ジョン・ジェイ＝ジェイムズ・マディソン著、齋藤眞＝武則忠見訳『ザ・フェデラリスト』（福村出版、1991 年）359 頁。

17）Lyn Ragsdale, *Vital Statictics on the Presidency: George Washington to Barack Obama 4th Edition* (Sage, 2014), 537; Louis Fisher, *The Law of the Executive Office* (Oxford University Press, 2014), p. 172.

18）Ragsdale, *Vital Statictics on the Presidency*, p. 537.

19）Andrew Jackson, "Veto Message," July 10, 1832; Stephen Skowronek, *Presidential Leadership in Political Time: Reprise and Reappraisal 2nd Edition* (University Press of Kansas, 2011), 37; 阿川尚之『憲法で読むアメリカ史（全）』（ちくま学芸文庫、2013 年）83 頁。

20）Crenson and Ginsberg, *Presidential Power*, p. 79.

21）Ibid, p. 80.

22）斎藤眞＝古矢旬『アメリカ政治外交史　第二版』（東京大学出版会、2012 年）152 頁。

23）Theodore Roosevelt, "First Annual Message," December 3, 1901.

24）Theodore Roosevelt, *An Autobiography* (MacMillan Company, 1913), p. 389.

25）梅川健『大統領が変えるアメリカの三権分立制——署名時声明をめぐる議会との攻防』（東京大学出版会、2015 年）23 頁。

26）Milkis and Nelson, *The American Presidency*, p. 236.

27）Ibid.

28　Larry M. Bartels, *Presidential Primaries and the Dynamics of Public Choice* (Princeton University Press, 1988), p. 14.

29）Ibid.

30）斎藤＝古矢『アメリカ政治外交史』155 頁。

31）Crenson and Ginsberg, *Presidential Power*, p. 133.

32）Woodrow Wilson, "Preface to Fifteenth Edition," *Congressional Government: A Study of the*

American Constitution (Houghton Mifflin Company, 1914).

33) Milkis and Nelson, *The American Presidency*, p. 257.

第Ⅱ部

強大化する大統領権限

第**4**章

協調的大統領制からユニラテラルな大統領制へ

梅川　健

はじめに

　前章では、建国期から 20 世紀初頭までの大統領権限の変遷を論じた。本章では、その後の大統領権限を追う。1930 年代から今日にかけて、二度の転機がある。一度目は、大恐慌後のニューディールの時期である。この時期に、大統領はそれまでにないほどに広範な権限と組織を獲得し、協調的大統領制が成立する。

　二度目の転機は、ウォーターゲイト事件である。ニクソン大統領による権限濫用に直面した議会は大統領権限の抑制を始め、大統領はいくらかの権限を失う。他方で、失った権限を補完するように、大統領は独自に権限を拡張していき、協調的大統領制はユニラテラルな大統領制へ変容していく。オバマ大統領もトランプ大統領も、70 年代以降の大統領はみな、この歴史的文脈に位置づけることができる。

1　協調的大統領制の成立

⑴　ニューディールと大統領権限の拡大

　1933 年に就任したフランクリン・ローズヴェルトは、大統領が議会と裁判所に支えられながら政治を指導する協調的大統領制を確立した[1]。大統領こそが

統治において指導的役割を果たすべきだというウィルソンの政体観を制度として実体化し、根づかせたのである。

ローズヴェルトは、革新主義の大統領と同様に、政党ボスによる支持を必要とする党内候補選定プロセスを経て大統領に就任したが、直面した状況が大きく異なっていた。アメリカは大恐慌の只中にあり、この混乱の収束が急務だった。ローズヴェルトは就任演説において、恐慌への対応のために、議会の協力と「広範な執行権」を求めた。1933年当時、恐慌は収まる気配をみせず、各地で銀行が機能を停止していた。待ったなしの状況で、議会は大統領に協力した。いわゆる「最初の100日間」が始まる。

ローズヴェルトはまず全国の銀行に対して1917年の敵国貿易法を根拠として一時的な休業を命じ、次に、1933年3月9日に制定された緊急銀行救済法に基づいて、健全な銀行だけに営業再開の許可を出した。そして5月22日に成立した連邦緊急救済法によって、連邦政府は直接失業の救済に乗り出した。中でも重要だったのは、5月12日の農業調整法と、6月16日の全国産業復興法の制定である。

農業調整法は、農産物の生産過剰を抑制するために、連邦政府が生産者との間で減産協定を結ぶことを可能にした。連邦政府は協定を結んだ減産者には、加工業者から徴収した加工税を原資に、報奨金を支払った。全国産業復興法は、工業製品の生産制限と価格統制を目的とし、大統領には業界団体と協定を結ぶ権限が与えられた。さらには、不公正な価格、賃金、商習慣をやめさせるために企業の営業を停止する権限さえ、大統領は獲得した。議会はこれら一連の立法によって、大統領に市場経済を統制するための広範な権限を与えたのである。

しかしながら、議会の後押しした権限拡大に、裁判所が待ったをかけた。1935年5月27日、連邦最高裁はシェクター判決によって全国産業復興法に二つの理由で違憲判決を下す。第一に、全国産業復興法は大統領に規則制定権を与えているが、これは、大統領への立法権の無制限な委譲にあたり、権力分立原則に違反する。第二に、同法の州際通商条項の解釈は誤っている。合衆国憲法は連邦政府に州境をまたぐ商取引について管轄権を与えており、全国産業復興法は州際通商条項を根拠に、さまざまな商取引を規制できるとした。しかしながら、本件の場合、州境をまたぐ商取引は一旦途切れており、それゆえ州際

通商ではなく、連邦政府は規制できない。最高裁は州際通商条項を限定的に解釈したのである[4]。ほかにも連邦最高裁は、ニューディール立法に対して違憲判決を下した。一連の判決は連邦政府による市場統制の力を弱めるものであった。

ローズヴェルト大統領は、司法府による抑制に対して「裁判所改組案（court packing plan）」によって対抗を試みる。大統領は、70 歳を超える連邦裁判官 1 人につき、新しく 1 名の裁判官の任命権を認めるように議会に立法を迫ったのである。ニューディール立法を支持する裁判官を最高裁に押し込もうとしたこの計画は、議会の反対によって頓挫した。

裁判所による違憲判決でニューディールは息の根を止められたかにみえた。しかしながら、その後の判例変更によって改革は継続されることになった。いわゆる「憲法革命」である[5]。1937 年以降の最高裁は、通商条項の拡大解釈を行うようになり、州内の経済活動が「相当程度」州際通商に影響を及ぼすのであれば、州際通商条項によって連邦政府が規制可能だとしていく[6]。さらに、全国産業復興法で問題となった議会から大統領への立法権の委譲という問題は、ごく少数の例外を除いては裁判所によって問題とされなくなる[7]。

結果として、連邦政府は拡大解釈された州際通商条項に基づいて市場経済に介入できるようになり、議会は大統領に広範囲にわたる規制権限を授権するようになった。ローズヴェルト大統領が欲した「広範な執行権」は、議会の立法と裁判所の判例変更によって実現したのである。

(2)　行政組織再編権限

ローズヴェルト政権において、大統領権限は拡大した。同時に、その行使を可能とするよう組織も拡充された。ローズヴェルト大統領は、ニューディール諸立法の執行のために、多くの組織を新設した。産業復興法では全国産業復興局、事業促進局、公共事業局が、農業調整法では農業調整局が設置されるという具合である[8]。

新しい政策目標を実現するために新組織の設置がすむと、組織間の調整が次の課題となった。新組織の林立は、大統領による一元的な統制を難しくしていた。行政府の効率的な運営を検討するために設置されたブラウンロー委員会は、1937 年 1 月、「大統領は助けを必要としている」という一文で知られる報告書

をまとめ、大統領執政府（Executive Office of the President）の設立を提言するとともに、100 以上にのぼる行政機関を 12 省庁に統合し、大統領による統制を可能にする組織再編が必要だとした。[9]

　この改革は、議会による立法を必要とした。議会は両院で民主党が多数を占めていたが、大統領の希望そのままには立法しなかった。1939 年に成立した行政組織再編法（Reorganization Act of 1939）は 2 年の時限立法であり、21 の重要機関については大統領の再編権限が及ばないものとされた。[10] 当時すでに多くの法律が大統領の裁量を認めており、行政組織による法執行の場面で政策の実態が定まることが増えていた。議会は、行政に対する統制力を失うことを恐れ、再編権限に制限を設けたのであった。

　このような制限があったとはいえ、行政組織再編法が大統領に与えた権限は大きなものだった。大統領が再編計画を議会に提出し、その 60 日以内に議会がこれを認めない決議を可決しない限り、再編計画は有効になるというものだった。[11] 大統領執政府が設置され、その中に、ホワイトハウス事務局と予算局（Bureau of Budget）が置かれた。ホワイトハウス事務局の設置によって、大統領は歴史上初めて、公設の補佐官（たった 6 名ではあったが）をもてるようになった。それまで大統領に公式に認められていたのは秘書官やクラークなどであり、政策アドバイザーや報道官のような役割を果たすスタッフは非公式の存在だった。補佐官の設置を議会が認めたということは、大統領の役割の拡大を認めたということでもあった。[12]

　予算局は、そもそも財務省に設置され、そこでは各行政組織が関係する連邦財政支出を伴うすべての法案がチェックされていた。この組織が大統領執政府に移設された。つまり、大統領直属の組織が各省の政策形成を監督するようになったのである。[13]

　議会による立法に支えられて大統領権限は拡大し、その力を行使するための組織的基盤が整備された。ここに、協調的大統領制が確立したのである。

2 協調的大統領制の終わり

(1) 大統領選定プロセスのさらなる民主化

協調的大統領制は、その後 1960 年代まで継続する。この時代は、大統領が民主党であれ、共和党であれ、「大きな政府」の実現が目指された。社会保障政策の拡充がこの時代の大きな成果だった。「小さな政府」へと政策の方向性に大きく舵をきるのは、1980 年に当選するロナルド・レーガン大統領だが、大統領権限に目を向けると、変化のきっかけは 1960 年代末にみつかる。

大統領の選ばれ方が 1968 年を境に再び変容する。党内の候補者選定プロセスがさらに民主化されるのである。それまで、大統領候補を決定する党大会には、州での予備選挙・党員集会で選ばれた代議員と、州の指導部によって選出された代議員（すなわち政党ボス）が参加しており、後者が最終的な決定権を握っていた。この大統領候補選出方法は、大統領と政党指導部を結びつける役割を果たしていた。[14] 協調的大統領制の基層をなしていたといえよう。

しかしながら、この方式は 1968 年民主党大会において大きな失敗を経験する。リンドン・ジョンソン大統領が再選をあきらめたために、次の候補をめぐって民主党内で意見が割れた。予備選挙ではユージーン・マッカーシーが躍進していたが、政党ボスたる代議員たちは副大統領であったヒューバート・ハンフリーを推していた。ボスたちは党大会でハンフリーを大統領候補に据えることには成功したが、この決定に対する民主党員たちの大規模な抗議デモが生じた。政党ボスが牛耳る候補者選定方式の正統性に疑問がもたれるようになった。

この後、民主党はマクガヴァン・フレイザー委員会を組織し、一般党員の意見が反映されるように大統領候補者選定方法を改革していく。1972 年の党大会からは、予備選挙によって選ばれる代議員の割合が急激に増えていき、候補者選定に対する政党ボスの力は縮減していった。民主党の改革は共和党にも影響を与え、同様の方式が広がった。[15]

この結果、1970 年代に入ってから、どちらの党でも大統領候補と政党指導部の関係性が変化する。かつては、予備選挙に勝つことは、政党指導部に候補者としての資質を示すことが目的であったが、新しい方式では、予備選挙に勝ち抜くことがすなわち党の公認候補になることを意味するようになったのであ

る。旧来の方式が使われていた時代、すなわち協調的大統領制の下で「大きな政府」を連邦政府が一体となって目指していた時代と比べて、政党指導部と大統領との距離は開いていく。

70年代から今日にかけて、大統領選挙でワシントン政界のアウトサイダーの躍進が目立つようになったのは偶然ではない。カーター、レーガン、クリントン、そしてトランプはいずれもワシントンの既成政治家を批判することで票を伸ばした。大統領候補にとって、政党指導部と距離をとることは、成功するための戦略にさえなった。現代の大統領にとって、就任後に自党の議会指導部と良好な関係を築けるかどうかは、必ずしも明らかではないのである。候補者選定方式の民主化は、大統領と議会の関係性の希薄化につながり、ウォーターゲイト事件後に始まる議会による大統領権限制約の動きの背景をなすのである。

(2) イデオロギー的分極化の進展

70年代には、大統領と議会の関係を変えるもう一つの事態が進行していた。従来、民主党と共和党の中にはさまざまな勢力が混在していたが、1964年の公民権法の成立をきっかけとして民主党が南部の保守的白人票を失い、それをニクソンが南部戦略によってすくいとった。その結果、民主党がリベラルの政党に、共和党が保守の政党へと徐々に整序されていった。この現象は今日まで続いており、イデオロギー的分極化と呼ばれる。

両党がイデオロギー的に多様であった時代には、党派を超えての連携が可能であった。「大きな政府」を成立させた社会保障などの諸政策は、議会の柔軟な多数派形成によるところが大きかった。ところが、イデオロギー的分極化が進展すると、議会内では激しい党派対立が生じるようになる。大統領は、上下両院のどちらかを失う分割政府状況において、法案成立を目指すことがより難しくなった。大統領にとって、立法による政策形成の難易度が上がったのである。

協調的大統領制は、大統領を政治の中心に据え、それを議会と裁判所が支える政治体制であった。それを可能にしていたのは、大統領が政党指導部と結びついていたことに加え、二大政党がイデオロギー的に純化しておらず、政党間協力が現実的であったという、この時期に特有の条件である。

第 4 章　協調的大統領制からユニラテラルな大統領制へ　51

　しかしながら、この二つの条件は 60 年代から変わっていく。公民権法成立後に民主党と共和党との間でイデオロギー的分極化が進展し、マクガヴァン・フレイザー委員会による改革の後、候補者選出方法が民主化され、大統領と議会指導部の関係性は希薄化した。70 年代は、協調的大統領制が幕を閉じていく時代であった。そこに、ウォーターゲイト事件が起きる。大統領制も転換期を迎える。

(3)　ウォーターゲイト事件と大統領権限の抑制

　ニクソン大統領はウォーターゲイト事件を引き起こした。この事件を契機に、議会は大統領権限の見直しを始める。大統領の権限拡大を支えてきた議会は、ニクソンによる「帝王的」とも称された権限行使（ないし濫用）を前にして、方針を転換したのである。議会拒否権という仕組みの活用によって、大統領権限を押さえ込むことを、議会は模索していった。

　議会拒否権とは、そもそもは、協調的大統領制の確立を促進した行政組織再編法に書き込まれたものである。同法では、迅速な組織再編のために大統領が再編案を議会に提示し、議会が提案を拒否するか否かを決めるという仕組みがとられた。通常の立法過程では、議会が法案を書き、大統領が署名・拒否をするというプロセスであるのに対し、行政組織再編法は立法過程を逆転させた。そこで、通常は大統領が行う拒否の判断を、議会に留保したのである。これを議会拒否権と呼ぶ。[16]

　議会はこの仕組みをいろいろな法律に組み込んだ。代表的なものは、1973 年戦争権限法と 1974 年執行留保統制法である。戦争権限法は、大統領による軍の派遣から 60 日以内に議会からの承認がえられなければ、撤兵することを大統領に義務づけている。大統領が先に動き、議会がそれを拒否するという手続きである。[17]

　執行留保統制法とは、大統領による予算の不執行を防ぐための法律である。ニクソン大統領は、予算のついた政策であっても、気に入らない場合には執行しなかったことで知られる。考えようによっては、通常の拒否権よりも強い、いわば完全な拒否権の行使である。通常の拒否権であれば議会には再可決の機会があるが、議会は法の不執行に対しては憲法上の対抗手段をもたない。そこ

で、議会は執行留保統制法により、大統領が予算を執行しない場合には議会に通知するよう義務づけ、さらに、議会はその決定を覆せるとした。議会拒否権規定である。議会拒否権規定はその後、最高裁によって違憲判決を受けるものの、今日まで議会は大統領を抑制するために用い続けている。[18]

3 ユニラテラルな大統領制へ

(1) 再編権限喪失と補完的権限拡大

レーガン以降の大統領は、行政組織再編法で認められた再編権限を失っている。協調的大統領制の確立に寄与した権限を、今の大統領はもたないのである。1939年に成立した行政組織再編法が時限立法だったことはすでに述べた通りである。議会はその後繰り返し再編権限を更新したが、1984年にそれをやめた。同年末、大統領は再編権限を失った。レーガン大統領は、再編権限を改めて認めるよう議会に働きかけるも、議会は動かなかった。その後、オバマにいたるまでのすべての大統領が再編権限を認めるよう議会に働きかけたが、議会はそれを認めなかった。[19]

現代の大統領は再編権限をもたないが、行政組織を統制する必要性が減じたわけではない。そこで、大統領は三つの新しい手法を用いるようになった。第一に、政治任用の中央統制である。カーターまでは、大統領は閣僚級を指名し、下位の人選は閣僚に任せていたが、レーガン以降の大統領は下位の人選も行うようになった。この人選はホワイトハウスが中心となって行い、行政組織に対する大統領の統制を人事の面から強めた。

第二に大統領執政府の拡大である。行政組織に対して組織再編という統制方法を失った大統領は、行政組織と同様の機能を果たす部局をホワイトハウス内に設け、そちらに政策を主導させることで対応しようとした。[20]たとえば、経済政策については国家経済会議が、[21]その他の国内政策については国内政策会議が[22]置かれた。

第三に政策審査である。レーガン政権以降、ホワイトハウス行政管理予算局（1970年に予算局から発展改組）は、各省が導入する規則について、費用便益分析による審査を行うようになった。これは行政組織による法執行について、ホ

第 4 章　協調的大統領制からユニラテラルな大統領制へ　53

ワイトハウスが詳細に統制することを可能にした。[23]

　現代の大統領は、上述のような行政組織の統制方法を発展させてきた。新しい統制手段を獲得したという点では、権限を拡大したといえる。ただし、これらの試みは、以前の大統領が享受していた権限を補完するものであったということも忘れてはならない。

(2)　大統領単独での政策形成手段の獲得

　70 年代以降、大統領選挙の方式の変化により、大統領と議会指導部との結びつきは弱まり、他方でイデオロギー的分極化が進み議会内での党派対立が激化した。法律の制定が政策変更の王道だとすると、この時代の大統領は抜け道を模索せざるをえない状況に直面した。

　そこで生まれたものが、署名時声明（signing statement）である。大統領は上下両院を通過した法案に署名もしくは拒否をする権限を憲法上もつ。ところが、カーター以降の大統領は、署名する際に出す文書（これを署名時声明という）の中で、特定の条文をとりあげ、違憲性を指摘し、その執行拒否を宣言するようになった。もちろんこれは、憲法外の手続きである。

　大統領が署名時声明で条文の違憲性を主張するようになったきっかけは、議会拒否権であった。議会が大統領による法執行を監督しようと法案に書き込んだ議会拒否権規定に対して、カーター大統領が異を唱えたのである。議会による大統領権限抑制の試みは、皮肉なことに、大統領による新しい権限の創出を促してしまったのである。

　なぜ、大統領は憲法に定めのない対抗手段を獲得できたのだろうか。議会が大統領を抑制しようとする際に、いつでも大統領が対抗できるとは限らない。大統領は、対抗のための正統な理由を主張しなければならない。署名時声明の場合、これを支えたのは司法省の法律家の法律論だった。大統領は憲法第 2 条により、「法が誠実に執行されるよう監督する義務」を負うのであり、議会拒否権はこの義務の完遂を妨げると彼らは主張したのであった。[24]

　カーター以降の大統領は党派を問わず、署名時声明を用いて議会の提出する法案に変更を加えてきた。特に、G・W・ブッシュ大統領がこの権限を積極的に行使したことで知られる。オバマ大統領は、2008 年の選挙中には署名時声

54 第Ⅱ部 強大化する大統領権限

明を権限濫用として批判していたが、いざ大統領に就任すると、ブッシュと同じように使い、批判を受けた。トランプ大統領も同じく、署名時声明を用いている[25]。署名時声明という憲法に定めのない道具は、大統領のツールボックスに収まったのである。

　候補者選定方式の民主化によって大統領と政党指導部の結びつきは希薄化し、イデオロギー的分極化の進展によって大統領が議会を頼ることは難しくなった。しかしながら、大統領が人々から集める期待の大きさは変わらない。大統領には単独で期待に応えなければならないという重圧がかかる。そのとき、大統領は無理をする。議会が用意してくれないのであれば、自力で対応するための道具と権限を創出する。それらを用いて、議会や裁判所と摩擦を生じさせながら政策を実現していく。これが、1970年代から現代までの大統領の姿である。この大統領制を、ユニラテラルな大統領制と呼んでもよいだろう。

4　オバマ大統領とトランプ大統領

(1)　議会を迂回したオバマ大統領

　オバマ大統領は政権就任当初、二大政党間の激烈な対立を乗り越えようとした。政策革新の手段として新法の制定を目指し、議会共和党の協力をとり付けようとした。オバマ大統領は、2009年にアメリカ復興・再投資法を、2010年には医療保険改革法（いわゆるオバマケア）を成立させることに成功した。しかし、これらの立法は民主党議員の票によって成立しており、党派対立を克服することはできなかった。2010年の中間選挙で共和党に下院の多数派を奪われると、新しい法律の制定は著しく困難になった[26]。

　オバマ大統領は2011年10月、「議会が動かないならば、私がやるべきことをやろう」と宣言し、立法を進められない議会に見切りをつけ、法律によらない政策革新に乗り出していく[27]。いかに議会が機能しないとはいえ、大統領が議会の迂回を堂々と表明したことは驚きであった。

　2012年には不法移民政策が刷新された。国土安全保障長官ジャネット・ナポリターノは、DACAとして知られる「若年層向け強制送還延期プログラム（Deferred Action for Childhood Arrivals）」を始めた。これは、16歳以下でアメリカに不法に

第 4 章　協調的大統領制からユニラテラルな大統領制へ　55

入国したという経緯をもちながらも、犯罪歴がないなどの条件を満たす者に限り、強制送還を 2 年間停止し、就労を認めるというものであった[28]。

　移民国籍法がアメリカ大統領に不法入国・滞在者を強制送還する権限を与えており、DACA は誰を強制送還するかを決める裁量の行使の一環である、というのがオバマ政権の主張であった。しかしながら、DACA の内容は、ドリーム法と呼ばれる法案によって長年にわたり議論されてきたものであった。

　オバマ政権は、立法が必要だと思われる政策変更を、議会が大統領に与えた権限を行使するという形で実現したのである。これは、巧みな権限の行使とも、あるいは権限の濫用とも評価された。オバマ政権は、DACA をさらに拡大する「米国市民と永住者の親向け強制送還延期プログラム（Deferred Action for Parents of Americans and Lawful Permanent Residents）」を目指したが、こちらは裁判所に差し止められることになった[29]。

　オバマ大統領はほかにも、議会に立法を求めて失敗した政策について、大統領権限の行使という形で実現を図った。たとえば、銃規制について購入時のバックグラウンドチェックを強化した。あるいは、オバマ大統領は連邦法による最低賃金の引き上げに失敗した後、大統領令によって、連邦政府は時給 10.10 ドルという最低賃金を定めていない企業とは取引してはならないと定めた。これは全米の労働者の最低賃金を引き上げるものではないが、政府と取引関係にある企業の労働者の状況を改善した[30]。

　外交政策の分野でも、オバマ大統領は本来は立法が望ましい事柄を、大統領権限によってやってのけた。キューバとの国交正常化はその代表例である。他国への経済制裁は通商の一部であり議会に決定権がある。キューバへの経済制裁は 1917 年敵国通商法（Trading with the Enemy Act）で定められた。経済制裁が続く中で国交正常化はできないので、オバマ政権は独自の判断で制裁を解除した。同法の免除条項（大統領が特別に必要と認める場合には制裁を停止できる）を用いたのである[31]。キューバと安定的な関係を構築するには法改正が望ましいが、オバマ政権は裁量を最大限に活用したのである。

　オバマ大統領はリベラルな政策目標を大統領権限によって実現しようとした。オバマ大統領の特徴は、本来立法が必要と考えられたものを、既存法の枠内で実現可能だと強弁したところにある。このとき、法律に書き込まれた裁量を従

56 第Ⅱ部 強大化する大統領権限

来よりも広く解釈することもあった。つまり、オバマ政権は、議会に支えられ
るという形ではなく、大統領が独自に自らの権限の外縁を引き延ばしたという
ことができるだろう。そして、そのような権限はトランプ大統領に引き継がれ
る。

(2) 孤立するトランプ大統領

　ドナルド・トランプの当選は、民主化された大統領選定方式の帰結だった。
政党指導部が党の大統領候補選出に影響力を統制できないという仕組みは、従
来の共和党の政策に全く頓着しない人物を候補に据えてしまった。トランプは
アウトサイダーとして大統領選挙を戦い、勝利した。

　しかし、選挙での彼の強さは、ワシントンでの弱さとなった。共和党指導部
との関係は選挙中から思わしくなく、就任後もぎこちないままであった。民主
党との関係はいうまでもなく悪かった。ときおり、民主党の指導部と会合をも
ってみたりはしたものの、大統領が民主党の支持をあてにできるという状況が
生じることはなかった。トランプ大統領は独特な個性のもち主で「大統領らし
くない」行動を繰り返した。トランプ大統領は就任してから1年間、ワシント
ンにおいて孤立したままだった。

　しかし、大統領が議会と協力するのが困難だという状況は、70年代以降の
大統領に共通する特徴でもある。大統領権限をどのように行使したのか、とい
う点からみると、トランプ大統領も近年の大統領と同じ流れに位置づけること
ができる。

　トランプ大統領は就任前、最初の100日間で実現を目指す政策アジェンダを
意気揚々と掲げていた。オバマケアの撤廃、インフラ投資、税制改革、メキシ
コ国境の壁建設など10の法案を、議会と協力することで実現すると息巻いて
いた。しかしながら、2017年12月現在、税制改革についてなんとか法律が成
立したのみである。[32]

　トランプ政権の2017年中の政策変更のほとんどは、大統領の単独行動によ
るものであった。就任早々に出した入国禁止令は移民国籍法が大統領に認める
裁量の行使という形だった。TPP離脱やパリ協定再交渉も、議会との協力を
必要としない決定である。

第4章　協調的大統領制からユニラテラルな大統領制へ　57

　2017年9月、トランプ大統領はオバマ政権が始めたDACAを、6ヶ月以内に議会が立法によって置き換えなければ廃止もありうるとした。もし実現すれば移民政策の大転換になる。しかし、大統領権限という視点からすると、オバマ大統領が大統領権限によって実現した政策を、トランプ大統領が撤回するということは奇妙なことではない[33]。

　2017年10月、トランプ大統領はオバマ政権が結んだイラン核合意について、イランが合意事項を遵守していないとして、議会に制裁についての見直しを求めた。すわ核合意離脱かと騒がれたが、これは2015年イラン核合意審査法が大統領に課した義務の履行にすぎない。同法は、大統領はイランの合意遵守状況について、90日毎に議会に報告することを義務づけている。その報告を受けて、議会は核合意から離脱するかどうかを決定するという仕組みになっている。現行法では、離脱の決定権は議会にある[34]。

　トランプ大統領は、オバマ大統領による政策を転換しようとしているが、その多くは立法という形をとらないかもしれない。オバマ大統領が多くの業績を立法ではなく大統領令などの単独行動によって成し遂げたためである。過去の大統領が決定できた事柄は、次の大統領によっても変更可能である。オバマ大統領が大統領権限によって、本来であれば立法を必要とするような変革を成し遂げたがゆえに、トランプ大統領による行動も大きな揺り戻しになる可能性がある。

おわりに

　大恐慌という危機が、強い大統領権限を創出した。迅速に経済を立て直す必要性に迫られて、議会は大統領に市場経済を統制する権限と、その権限を行使するための組織の設立を認めた。革新主義の大統領と同様の手続きで選出されたフランクリン・ローズヴェルトは、それまでの大統領とは比較にならないほど強大な権限を獲得した。裁判所は当初、ニューディール諸立法に違憲判決を下したが、判例変更によって、連邦政府による市場経済への介入を認め、議会から大統領への大幅な権限委譲も認めた。議会の立法と、裁判所の判例によって、大統領は広範な権限を獲得し、運用するようになった。協調的大統領制が

成立した。

　しかし、この状況も特定の条件に支えられていたに過ぎない。大統領候補者選定方式における政党指導部と大統領候補の結びつきがあり、民主党と共和党がイデオロギー的に分断されていない、という政治環境があった。大恐慌の背後にはこれらの条件があり、大統領への権力集中が進んだ。

　これらの条件は1960年代後半から変化する。大統領選出プロセスが民主化され、候補者選定の決定権が政党指導部から一般党員に移った。もはや政党指導部は候補者をコントロールできないし、候補者は政党指導部をあてにしなくなる。大統領は、ホワイトハウスに入ったのちに議会対策に難しさを覚え、議会は統制できない大統領への権限委譲を見直すようになる。

　同時に、二大政党がリベラルと保守に整序されるというイデオロギー分極化が進展し、議会内で党派を超えた協力が困難になる。すると、議会をあげて大統領を支えるということも難しくなる。ここに、協調的大統領制を支える条件は失われ、ユニラテラルな大統領制が始まるのである。

　結果として、大統領は自ら権限を引き延ばすという工夫をするようになった。たとえば憲法に書かれていない方法を正当化し、獲得した。あるいは、すでに与えられている裁量の行使だと強弁しながら、新しい政策目標を実現しようとした。1970年代から今日にかけての大統領は、無理を重ねながら権限を引き延ばし、単独での政策形成に挑んでいるのである。トランプ大統領もまた、ユニラテラルな大統領制という歴史的文脈に位置づけることができる。

[注]
1)　フランクリン・ローズヴェルトが確立した大統領制は一般に "modern presidency" と呼ばれる。これを、斎藤眞は「現代的大統領職」、待鳥聡史は「現代大統領制」とする。斎藤はクリントン政権期には「ポストモダンの大統領職」に変化していたのではないかと指摘する。本稿では変容の発端を60年代末に見いだす。また、大統領制の名称については、統治構造における大統領と他部局の関係性に着目し、「協調的大統領制」と「ユニラテラルな大統領制」とする。斎藤眞「アメリカ大統領職の変質　素描(1)——組織化と個人化」「ポストモダン大統領の登場？　アメリカ大統領職の変容」斎藤眞著、古矢旬＝久保文明監修『アメリカを探る——自然と作為』（みすず書房、2017年）、待鳥聡史『アメリカ大統領制の現在——権限の弱さをどう乗り越えるか』（NHK

出版、2016年)。

2) Franklin D. Roosevelt, "Inaugural Address," March 4, 1933.

3) 阿川尚之『憲法で読むアメリカ史（全）』（ちくま学芸文庫、2013年）、344-346頁。

4) Schechter Poultry Corporation v. United States, 295 U.S. 495.

5) 「憲法革命」については、以下を参照。岡山裕「憲法修正なき憲法の変化の政治的意義——ニューディール期アメリカ合衆国の「憲法革命」を題材に」駒村圭吾＝待鳥聡史編『「憲法改正」の比較政治学』（弘文堂、2016年）。

6) 阿川尚之『憲法で読むアメリカ史（全）』347頁。

7) 例外として、1996年の項目別拒否権法への違憲判断がある。Clinton v. City of New York, 524 U.S. 417.

8) Sidney M. Milkis and Michael Nelson, *The American Presidency: Origins and Development, 1776-2014, 7th Edition* (Sage, 2016), p. 311.

9) Peri E. Arnold, *Making the Managerial Presidency: Comprehensive Reorganization Planning 1905-1996 Second Edition* (University Press of Kansas, 1998), p. 91; Milkis and Nelson, *The American Presidency*, p. 311

10) Milkis and Nelson, The American Presidency, p. 311.

11) 廣瀬淳子「オバマ政権の大統領行政府とホワイトハウスの機構——アメリカにおける行政機関の再編」外国の立法246号（2010年）3頁。

12) Matthew A. Crenson and Benjamin Ginsberg, *Presidential Power: Unchecked and Unbalanced* (Norton, 2007), p.181.

13) Milkis and Nelson, *The American Presidency*, p. 312.

14) Crenson and Ginsberg, *Presidential Power*, p. 194.

15) Larry M. Bartels, *Presidential Primaries and the Dynamics of Public Choice* (Princeton University Press, 1988), p. 24.

16) 梅川健『大統領が変えるアメリカの三権分立制——署名時声明をめぐる議会との攻防』（東京大学出版会、2015年）54頁。

17) 戦争権限法については、第12章で論じる。

18) 違憲判決を受けたにもかかわらず、議会拒否権が使い続けられた経緯については、梅川『大統領が変えるアメリカの三権分立制』109-111頁を参照。

19) Henry B. Hogue, "Presidential Reorganization Authority: History, Recent Initiatives, and Options for Congress," *CRS Report for Congress*, R42852 (2012).

20) John P. Burke, *The Institutional Presidency: Organizing and Managing the White House from FDR to Clinton 2nd Edition* (Johns Hopkins University Press, 2000).

21) William J. Clinton, "Executive Order 12835: Establishment of the National Economic Council," January 25, 1993, *Federal Register*, Vol. 58, No. 16, p. 6189.

22) William J. Clinton, "Executive Order 12859: Establishment of the Domestic Policy Council," August 16, 1993, *Federal Register*, Vol. 58, No. 159, p. 44101.

23 杉野綾子『アメリカ大統領の権限強化と新たな政策手段——温室効果ガス排出規制政策を事例に』（日本評論社、2017年）135-137頁。

24) 梅川『大統領が変えるアメリカの三権分立制』第2章。

60 第Ⅱ部 強大化する大統領権限

25） た と え ば、Donald Trump, "Statement on Signing the Countering America's Adversaries Through Sanctions Act," August 2, 2017.

26） 梅川健「大統領制」山岸敬和＝西川賢編著『ポスト・オバマのアメリカ』（大学教育出版、2016 年）。

27） Barack Obama, "Remarks in Las Vegas, Nevada," October 24, 2011.

28） 西山隆行『移民大国アメリカ』（ちくま新書、2016 年）72 頁。

29） 梅川健「大統領制」34-35 頁。

30） Barack Obama, "Executive Order 13658: Establishing a Minimum Wage for Contractors," February 12, 2014, *Federal Register*, Vol. 79, No. 38, p. 9851.

31） キューバに対する経済制裁を定める 1917 年敵国通商法の規定により、キューバが適用対象かを、毎年大統領が判断する。オバマ大統領はキューバとの国交を回復しつつも、任期最終年の 2016 年 9 月に敵国通商法の適用対象国であると再認定した。Barack Obama, "Memorandum on Continuation of the Exercise of Certain Authorities Under the Trading With the Enemy Act," September 13, 2016.

32） "Donald Trump's Contract with the American Voter," （https://assets.donaldjtrump.com/_landings/contract/O-TRU-102316-Contractv02.pdf）.

33） Michael D. Shear and Juie Hirschfled Davis, "Trump Moves to End DACA and Calls on Congress to Act," *New York Times*, September 5, 2017.

34） Mark Landler and David E. Sanger, "Trump Disavows Nuclear Deal, but Doesn't Scrap It," *New York Times*, October 13, 2017.

第**5**章

乱発される「大統領令」

梅川　健

はじめに

　ドナルド・トランプ大統領は自らの業績をしばしば自慢する。2017年6月12日、初めてトランプがキャビネット・ミーティング（日本風にいえば閣議だが、アメリカ大統領は決定のために閣僚の同意を必要としない。行政権が大統領個人に与えられているため）を開いた際には、自分がフランクリン・ローズヴェルト大統領以来の「活発な」大統領だと述べた。

　大統領が「活発」であることがアメリカの民主主義にとって望ましいのかについては議論があるが、本章では、トランプ大統領が就任以来、大統領権限をどのように行使してきたのかについて、特に「大統領令」という観点から論じる。

　さて、「大統領令」とは何だろうか。少し遠景から話を始めたい。アメリカの大統領には政策を実現するための経路がいくつか用意されている。一つは、法律の制定（を促進すること）であり、もう一つは法律の執行によってである。本書ですでに議論されているように、合衆国憲法は大統領に立法において限られた権限（署名もしくは拒否権の行使）しか与えていない。大統領は法律によって政策を実現したいと考えれば、立法を担当する議会を説得しなければならない。アメリカでは連邦議会と大統領が別々の選挙で選ばれており、大統領には党の候補者の公認権もない。大統領の所属政党の議員が大統領の意向に従うと

は限らないのである。たとえばトランプ政権と議会多数派を占める共和党が、「ハネムーン」の期間でさえ良好ではなかったことは記憶に新しい。アメリカの大統領にとって、立法による政策形成は決して容易なものではないのである。

　他方で、憲法は大統領に行政権を与えるとともに、「法の誠実な執行」を義務づけている。一旦成立した法律をどのように執行するのかは、大統領の領分である。議会は法律の条文を作成するにあたり、執行にあたる大統領に裁量を与えることもあれば、隅々まで詳細に法律の文言で定めることもある。裁量が与えられている場合はもちろん、大統領は具体的な法執行の方法を決定することができる。また、仮に法律の条文が詳細なものであったとしても、そこには法解釈の余地が残る。大統領は条文を自らの選好に沿うように解釈し、執行することができる。

　つまり、大統領と議会との関係が思わしくない場合、あるいは大統領がすぐに成果を求める場合には、大統領は議会の協力が必要な立法ではなく、法執行方法の変更による政策革新に惹かれるという構造がある。

1　「大統領令」とは何か

(1)　三つの「大統領令」

　ここまで大統領による法執行と簡単に述べてきたが、実際の執行は行政官の手によってなされる。行政組織の長たる大統領は部下に対して命令を下すわけであり、実にさまざまな形式で命令を出してきた。

　たとえばトランプ政権のホワイトハウスのウェブサイトをみると、「ブリーフィング・ルーム」の中に「大統領の行動（Presidential Actions）[1]」という項目があり、以下のような小項目がある。訳語も示すと次のようになる。

・Executive Orders：「行政命令」
・Presidential Memoranda：「大統領覚書」
・Proclamations：「布告」

　行政命令とは、大統領が法執行の具体的方法を行政組織に対して命じるもの

である。しばしば誤解されるが、大統領がアメリカ国民に対して下す命令ではない。アメリカ国民は行政命令によって間接的に影響を受けることになる。行政命令はあくまでも、すでに成立している法律を具体的に執行するための命令である。先にも述べたように、政策を形成する議会は、あらゆる政策について隅々まで詳細に法律の文言で定めることはできず、法執行を担う大統領に裁量を与える。この裁量の範囲内で、具体的にどのように法執行をすべきかを、行政組織に示す手段が行政命令である。

　当然ながら、大統領は与えられた裁量を踏み越えることはできない。アメリカ大統領は行政命令によって、事前に議会によって認められた範囲内で法律を執行しているにすぎない。ただし、非常に広範な裁量が大統領に与えられている場合や、ずっと昔の議会が大統領に与えた裁量が行使される場合、現在の議会にとっては、大統領による行政命令が大きな現状変更として映ることもある。

　大統領覚書も行政命令と同じく、大統領が行政組織に対して具体的な法執行の方法を命令するための文書であり、行政組織に対する法的拘束力という面で、行政命令と違いがないとされる。では何が異なるかといえば、その全てが連邦官報に記載され、根拠法が明示される行政命令に対して、大統領覚書は大統領が望んだ場合にだけ連邦官報に記載され、根拠法が曖昧でも許されているという点である[2]。さらに、行政命令がワシントンの政治家やメディアに常に注目されているのに対して、大統領覚書は認知度の低い道具であることも大きな違いである。アメリカのメディアは行政命令と大統領覚書をしばしば混同し、ときにはホワイトハウスの報道官でさえ両者をとり違えるほどである[3]。

　布告は上二つと異なり、アメリカ国民に向けたものである。過去の有名なものは、「宣言」としても知られている。例えばリンカーン大統領による布告95号、すなわち奴隷解放宣言（Emancipation Proclamation）である。ただし、先述したように大統領はアメリカ国民に直接命じる権限を本来もたない。布告は法の裏付けがある場合には実質的なものとなるが、そうでない場合には儀式的なものにとどまる[4]。奴隷解放宣言の場合、リンカーン大統領は合衆国憲法に定められる軍の最高司令官として命令を下した[5]。

　それでは日本のメディアにしばしば登場する「大統領令」はどれにあたるのかと問われれば、これらの総称である（としかいいようがない状況になっている）。

64 第II部 強大化する大統領権限

そもそも日本では、「大統領令」は "executive order" の訳語として用いられてきた[6]。今日でも「大統領令」が "executive order" を意味しているケースは多い。同時に、「行政命令」もまた、"executive order" の訳語として用いられてきた。つまり、従来は、「大統領令」と「行政命令」は同じものを意味していた。

この状況に変化が生じたのがオバマ政権である。オバマ大統領は "executive order" とよく似てはいるものの認知度の低い "presidential memorandum" を多用したが、日本では（しばしばアメリカでも）両者が区別されなかった。結果として、日本語の「大統領令」という言葉は、従来通り "executive order" を意味する場合もあれば、"executive order" と "presidential memorandum" の両者を含む場合もあるという状況になった[7]。

そこで今後は、混乱を避けるために "executive order" については「行政命令」、"presidential memorandum" については「大統領覚書」、さらに "proclamation" については「布告」という訳語をあて、それらの総称として「大統領令」という言葉を用いるということにするのが適当かもしれない。

(2) 行政命令は政策をどれほど変更できるのか？

行政命令とは前節で説明したように、大統領が憲法や法律の定めにより法を執行するにあたって行政組織に下す命令である。その中では、具体的な法執行の方法が定められ、当然、その執行方法は憲法や法律に違反することはない（できない）とされる。つまり、行政命令が論争的になることは、本来的にはありえないように思える。

しかしながら、トランプ大統領の行政命令が混乱を引き起こしたように、そのような事態は生じうる。その理由は、議会が大統領に広範な裁量を認めてきたためである。20世紀の中頃、すなわち協調的大統領制が成立した頃から、議会は迅速な政策形成を可能にするために、時間がかかる立法ではなく、大統領による臨機応変な法執行を許してきた[8]。法律の条文は大まかに定めるにとどまり、詳細の決定は大統領に委任したのである。むしろ議会は、大統領による具体的な法執行手段に対して、後から承認したり、却下したりするようになった。いわゆる議会拒否権の発達であり、ここに、「立法過程の逆転」ともいえる状況が出現した[9]。このような仕組みは、大統領と議会が政策目標を同じくし

ている場合には、迅速な政治を可能にするという点で優れていたが、一旦両者の考え方が異なるようになると問題を引き起こす。特に、法律を制定した議員と大統領がワシントンを去った後にも法律が残るということを忘れてはならない。

　たとえば、トランプ大統領がイスラム教徒が多数を占める特定7ヶ国からの一時的な入国禁止を定める行政命令13769号を発令できた根拠は、1952年移民国籍法の212（f）項に、「大統領が必要と認める場合には」、「大統領が必要と認める期間につき、入国を停止することができる」とあるためである。[10] ちなみに、このような大統領による判断によって大きな政策変更が可能になる仕組みは、1974年通商法301条にも盛り込まれている。日米貿易摩擦の華やかなりし1990年代にスーパー301条として知られたものである。この条文は現在も効力をもっており、トランプ大統領が自身の判断で発動できるという構成になっている。

　まとめておくと、行政命令は本来的には、議会による授権の範囲内で大統領が具体的な法執行手段を行政組織に命じるためのものであるが、議会がこれまでに認めてきた裁量の範囲が広範であるために、現在の議会の合意が得られないような命令さえ下しうるというのが現状である。

　ただし、大統領の行政命令が直ちに効力をもつわけではない。アメリカの政治体制の根幹は、強靭で柔軟な三権分立制である。大統領の行政命令に対しては、議会はその根拠となる法律を修正することができるし、あるいは法執行のための予算を認めないという方法で対抗することができる。裁判所は、行政命令の差し止めや、その内容の審査ができる。議会と裁判所による対抗を乗り越えられて初めて、行政命令は効力をもつ。2017年1月末から2月にかけての、入国禁止を定めた行政命令をめぐる争いでは、三権分立制の抑制と均衡が作動するさまをみることができた（詳しくは第10章を参照）。

　行政命令の形式面について補足しておくと、1935年に連邦官報法（Federal Register Act of 1935）が成立によって、連邦官報への記載が義務づけられるようになった。1962年にはケネディ大統領の行政命令11030号によって、行政命令を発令するための手続きと、命令の根拠法を提示することが決められた。[11] この手続きでは、行政命令は、行政管理予算局によって起草され、司法長官によ

66　第Ⅱ部　強大化する大統領権限

って合法性が確認され、連邦官報局において形式についてのチェックがなされ、その後大統領が署名するという一連の流れが定められた。この手続きはその後の大統領によって微細な修正が加えられたものの、基本的には今日まで同一である[12]。

　この手続きは議会との交渉が必要ないという点で立法に比べて簡略である上に、実は、行政組織が主体となって行う規則作成とも大きく異なる点がある。行政組織が新しく規則を制定しようとする場合、その手続きは、行政手続法（Administrative Procedure Act）によって規制される。そこでは、利害関係者に対する通知と意見募集が必要とされ、これには大変な時間とコストがかかる。他方、大統領が行政命令によって命じる場合には行政手続法の対象とならないことが連邦最高裁の判例によって確立されている[13]。なお、大統領覚書については行政手続法の対象となる。不法移民政策を改革しようとしたオバマ大統領の覚書は、まさに行政手続法に違反していることを理由に差し止められたのであった[14]。

　まとめると、行政命令は権限を明示する必要があるものの、行政手続法の煩雑な仕組みからは解放されている。大統領が命令の根拠となる法律を提示できない場合には、大統領覚書が重要な手段となるが、根拠法を明示できる場合には、大統領覚書よりも行政命令の利便性が高いといえよう。

2　トランプ大統領の「大統領令」

(1)　他の大統領との比較

　トランプ大統領は就任直後から、「大統領令」の積極的使用で注目を集めた。先に挙げた特定7ヶ国からの入国を禁止するよう命じた行政命令13769号の後も、矢継ぎ早にトランプ大統領はさまざまな命令を下した。それでは、トランプ大統領は「大統領令」を「乱発」していたのだろうか。トランプ大統領の行政命令と大統領覚書の傾向を過去の大統領と比較した後に、どのような特徴があるのかを具体例を示しつつ明らかにしたい。

　図1は、レーガンからトランプまでの各大統領が、1月20日の就任から11月30日にかけて発令した行政命令の総数の変遷を示したものである。まず、

第5章　乱発される「大統領令」　67

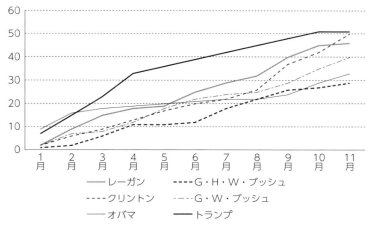

図1　大統領就任1年目の行政命令の総数の変遷
(出典：American Presidency Project より著者作成。)

　就任間もない1月から2月にかけて、トランプ大統領はオバマ大統領と同様の傾向を示している。ただし、この2人のパターンが典型とはいいがたく、それ以前の大統領とは大きく異なっている。それまでの大統領が行政命令による活動を始めるのはおおむね2月に入ってからであったが、トランプ大統領とオバマ大統領は就任直後から行政命令を出したという点に特徴がある。
　トランプ大統領の傾向が、それまでのどの大統領とも乖離するのは3月以降のことである。他の大統領による行政命令のペースが鈍るのに対して、トランプ大統領は継続的に行政命令を発令し続ける。トランプ大統領は自身を「活発だ」といっていたが、数という点からは間違いではない[15]。他方で、その内容も重要である。トランプ大統領が誇る行政命令には、単に調査や報告を行政組織に求めるだけのものもあった。
　図2は、大統領覚書の変遷を追ったものである。まずこの図からは、最近の大統領になるにつれて、覚書を多用するようになったことを読み取ることができる。ジョージ・H・W・ブッシュ大統領の少なさが目立つが、図1の行政命令の数も同様に少ない。これはこのときだけ共和党から共和党へ政権が引き継がれたことに理由があるだろう。
　次に、トランプ大統領はオバマ大統領と並んでもっとも積極的に覚書を出し

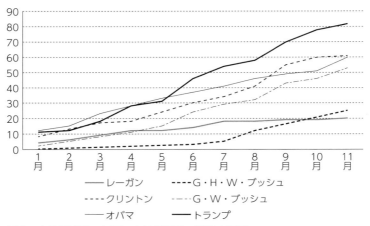

図2　大統領就任1年目の大統領覚書の総数の変遷
(出典：the White House: President Donald J. Trump, the White House: President Barack Obama, American Presidency Project より著者作成。)

ていることも指摘できる。6月以降になると、トランプ大統領はオバマ大統領を突き放し、歴代最高を記録している。

　トランプ大統領の覚書がオバマ大統領よりも多い理由としては、議会への通達が覚書の形で出されていることにあるかもしれない。たとえば、2017年7月11日の覚書でトランプ大統領は、1976年国家緊急事態法（National Emergency Act of 1976）と、1977年国際緊急事態経済権限法（International Emergency Economic Powers Act of 1977）のいう「緊急事態」の存続を行政命令にて認定したことを議会に通告している[16]。つまり、行政命令の添え物のような覚書が数を増やす一因になっている。ただし、後述するように、軍からトランスジェンダーを締め出すことを命じるような、重大な現状変更を伴う覚書も存在しており[17]、実質的な意味をもつものに特に注目する必要がある。

　図3は布告の数を計測したものである。どの大統領もほぼ同じペースで数を増やしていることがわかる。これは布告の多くは、何らかの記念日についての大統領のメッセージを伝えるものであることに由来している。どの記念日に大統領が声明を発するのかという選択は存在するものの、全体として、どの大統領も同じように布告を発していることがわかる。

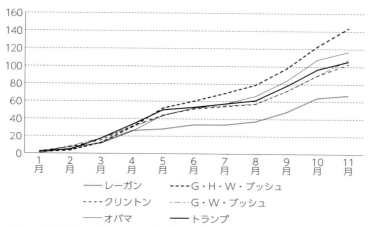

図3　大統領就任1年目の布告の総数の変遷
(出典：American Presidency Projectより著者作成。)

(2) トランプ大統領の行政命令の三つの特徴

　就任直後から、トランプ大統領は多くの行政命令を出した。議会の立法を待たずに選挙中の公約を実現しようという姿勢が表れている。トランプ大統領の行政命令の第一の特徴は、その拙速さである。たとえば、入国禁止を定めた行政命令13769号では、国土安全保障省との間で事前によく調整されていなかったことが明らかにされている[18]。先に挙げた行政命令11030号以来の手続きを踏んでいたかについても疑問が残る。

　第二の特徴は、論争的な内容である。通常、大統領は行政命令の内容が訴訟の対象になることを望まない。もちろんトランプ大統領もそうだろう。そこで、普通はツイッターで「いわゆる裁判官」などと揶揄するよりも前に、訴訟を提起されぬよう配慮して行政命令の文言を準備する。ここで役割を果たすのが、司法省の法律顧問室（Office of Legal Counsel）である。法律顧問室は、司法省の中でも合衆国憲法を専門とする法律家集団であり、大統領の行動に違憲性がないかを、大統領から問われた場合に答申するという役割を担う。行政命令13769号についても同室による意見書が提出されているものの、そこでは、入国禁止がどのような法的問題を引き起こすかについて、ほぼ議論されておらず、ラバースタンプのように合憲・合法だと論じているのみである[19]。

70 第Ⅱ部 強大化する大統領権限

　トランプ大統領の行政命令の第三の特徴は、法的根拠の強弁にある。行政命令である以上、命令の根拠が示されなければならず、トランプ大統領はこの規則に従っているものの、根拠が根拠たりうるかという点で疑問がある。たとえば、行政命令 13767 号に署名し、メキシコとの国境に「壁」を建設することを決めたが、トランプ大統領が行政命令の根拠として選んだ法律は、移民国籍法、1996 年不法移民改正及び移民責任法（Illegal Immigration Reform and Immigrant Responsibility Act of 1996）、そして 2006 年フェンス建設法（Secure Fence Act of 2006）であった。

　これらの法律により、トランプ大統領は自らにアメリカ国境を守る義務があると主張し、そのためには、「連続する物理的な壁、もしくは他の形態の安全で連続的で通過不可能な物理的障壁」としての「壁」が必要だとする。特に、大統領の「壁」建設を許すのは、フェンス建設法だとする。しかしながら、2006 年に制定された同法によって、アメリカ・メキシコ国境 3000 キロのうち、約 1100 キロにわたりすでにフェンスが建設され、その後フェンスの延長にあたっては新法案が提出されたこともある。[20] すなわち、トランプ大統領はすでに役目を終えた法律を根拠にしているのではないかという疑念が残る。法的根拠の強弁という特徴もまた、トランプ大統領が司法省と良好な関係を形成していないことを示唆している。

　アウトサイダーとしてワシントンに乗り込んだトランプ大統領は、行政命令に由来するさまざまな軋轢を抱え込んでいる。大統領が発令する行政命令は、出された時点で最終的な効力をもつわけではなく、議会や裁判所といった他部局の反対がない場合に、スムーズに実現に移されるのである。トランプ大統領の積極的な権限行使は、アメリカの三権分立制の仕組みがどのように駆動するのかを示すことになったといえよう。

(3)　トランプ大統領の「大統領令」の具体例

　最後に、今後大きな変化をもたらす可能性のある行政命令と大統領覚書を一つずつ取り上げたい。まず、5 月 4 日に出された行政命令 13798 号である。[21] アメリカでは、宗教団体などの非営利団体は、税法上の 501 (c)(3) 団体として連邦所得税が免除される。ただし、「政治活動」を行った場合にはその資格が取り

消される。トランプ大統領は、この行政命令によって、税法上の資格を判断する内国蔵入庁に対して、「政治活動」から「宗教的な観点から道徳問題もしくは政治問題について語る」ことを除外するように命じた。つまり、条文の定める「政治活動」の解釈変更である。

これによって 501 (c)(3)団体は、これまでであれば「政治活動」に相当する行為を、今後は「宗教的観点」からであれば自由に行うことができるようになった。トランプ大統領による解釈が、議会の意図に反するのかどうかが、今後問われることになるだろう。

次に、8 月 25 日に出された軍とトランスジェンダーに関する論争的な覚書[22]である。オバマ政権は 2016 年にトランスジェンダーであることを公言している者の軍での勤務を正式に認めた。[23] その時点ですでに、2450 名のトランスジェンダーが軍に勤務していると推定されており、この決定は、2011 年の同性愛者に対する「問うな、答えるな（Don't ask, Don't tell）」規定の撤廃と同様に重大な変化を軍にもたらすものであった。

トランプ大統領はこの政策変化に待ったを掛けた。7 月 26 日、ツイッターにて「米軍は決定的で圧倒的な勝利に集中するべきで、トランスジェンダーを軍に受け入れることで生じる医療費と混乱を引き受けることはできない」、ゆえに「アメリカ政府はトランスジェンダーの人々を米軍に受け入れるべきではない」と宣言した。[24] そして 8 月 25 日、大統領覚書によって、国防長官と国家安全保障長官にオバマ政権による政策変更を取り消すよう命じた。トランプ大統領は性的マイノリティに対する政策を巻き戻したといえる。ただし、権限行使という点からすると、オバマ大統領が大統領権限に基づいて行った変更を取り消したという形になる。

おわりに

アメリカ大統領は行政命令や大統領覚書といったさまざまな形式で行政組織に命令を下す。「大統領令」はそれらの総称である。トランプ大統領による「大統領令」の行使の傾向は、オバマ大統領のそれと最もよく似ているが、行政命令についてはずっと積極的だといえる。トランプ大統領による「大統領令」行

使のパターンは、次第に大統領が単独での決定を好むようになってきたという流れの中に位置づけることができよう。トランプ政権が、共和党多数議会という本来であれば立法を通じての政策形成に有利な環境で船出したにもかかわらず、議会の協力を必要としない行政命令にこだわり続けているという点は注目に値する。

　トランプ大統領の行政命令や覚書の中には、重大な政策変更を伴うものも含まれていた。中には、制定法の変更を意味するような行政命令さえあった。このような行政命令が今後増加するとすれば、それはトランプ大統領による従来の三権分立制からの逸脱を意味する。今後、トランプ大統領がどのように「大統領令」を用いていくのか、注意深く見守る必要がある。

[注]
1)　Whitehouse, "Presidential Actions," (https://www.whitehouse.gov/briefing-room/presidential-actions).
2)　トランプ大統領の行政命令の中には根拠法を示さないものもあり、大統領覚書との差異がさらに小さくなっている。
3)　梅川健「大統領制——議会との協調から単独での政策形成へ」山岸敬和＝西川賢編著『ポスト・オバマのアメリカ』（大学教育出版、2016 年）32 頁。
4)　Vivian S. Chu and Todd Garvey, "Executive Orders: Issuance, Modification, and Revocation," *CRS Reports for Congress*, 2014, (https://fas.org/sgp/crs/misc/RS20846.pdf).
5)　阿川尚之『憲法で読むアメリカ史（全）』（ちくま学芸文庫、2013 年）222 頁。
6)　田中英夫編『英米法辞典』（東京大学出版会、1991 年）319 頁。
7)　詳しくは、前掲注 3）梅川健「大統領制」を参照。
8)　たとえば、Louis Fisher, *Congressional Abdication on War and Spending* (TAMU Press, 2000) など。
9)　梅川健『大統領が変えるアメリカの三権分立制——署名時声明をめぐる議会との攻防』（東京大学出版会、2015 年）53-54 頁。
10)　Section 212 (f); 8 U.S.C. 1181.
11)　John F. Kennedy, "Executive Order 11030: Preparation, Presentation, Filing, and Publication of Executive Orders and Proclamations," June 19, 1962, *Federal Register*, Vol. 27, No. 120, p. 5847.
12)　Phillip J. Cooper, *By Order of the President: The Use and Abuse of Executive Direct Action* (University Press of Kansas, 2002), p. 17.
13)　Cooper 2002, 17; Dalton v. Specter, 511 U.S. 462 (1994).
14)　梅川「大統領制」40 頁。

第 5 章　乱発される「大統領令」　73

15）　トランプ大統領は行政命令の数を誇るが、立法という点では物足りない。トランプ大統領が最初の 100 日間に署名した数は、FDR 以来の大統領の中で 3 番目であったが、8 月 7 日に迎えた就任 200 日という区切りでみると、下から 3 番目に後退する。"Trump has signed more bills in 100 days than any president since Truman, Spicer says," Politifact (http://www.politifact.com/truth-o-meter/statements/2017/apr/27/sean-spicer/trump-has-signed-more-bills-100-days-any-president/)；"Here's how many laws Trump signed in his first 200 days compared to past presidents," Business Insider, (http://www.businessinsider.com/how-many-laws-has-trump-signed-so-far-200-days-obama-clinton-bush-reagan-2017-8).

16）　Donald Trump, "A Message to the Congress of the United States," July 11, 2017 (https://www.whitehouse.gov/the-press-office/2017/07/11/message-congress-united-states).

17）　Donald Trump, "Presidential Memorandum for the Secretary of Defense and the Secretary of Homeland Security," August 25, 2017 (https://www.whitehouse.gov/the-press-office/2017/08/25/presidential-memorandum-secretary-defense-and-secretary-homeland).

18）　Evan Perez, Pamela Brown and Kevin Liptak, "Inside the Confusion of the Trump Executive Order and Travel Ban," *CNN online*, January 30, 2017 (http://edition.cnn.com/2017/01/28/politics/donald-trump-travel-ban/index.html, accessed on March 13, 2017).

19）　Curtis E. Gannon, "Re: Proposed Executive Order Entitled, 'Protecting the Nation from Foreign Terrorist Entry into the United States,'" January 27, 2017.

20）　"H.R. 4391: Finish the Fence Act of 2016, 114th Congress" (https://www.congress.gov/bill/114th-congress/house-bill/4391/text, accessed on March 13, 2017).

21）　Donald Trump, "Executive Order 13798: Promoting Free Speech and Religious Liberty," May 4, 2017, *Federal Register*, Vol. 82, No. 60, p. 21675.

22）　Donald Trump, "Presidential Memorandum for the Secretary of Defense and the Secretary of Homeland Security," August 25, 2017 (https://www.whitehouse.gov/the-press-office/2017/08/25/presidential-memorandum-secretary-defense-and-secretary-homeland).

23）　Jonah Engel Bromwich, "How U.S. Military Policy on Transgender Personnel Changed Under Obama," *New York Times*, July 26, 2017.

24）　Ibid.

第**6**章

官僚機構の政治化とその帰結

菅原和行

....

はじめに

　大統領がその権限を行使するにあたり、連邦政府の官僚機構をいかに統制するかという点が重要な課題となる。歴代の大統領は自らの推進する政策の実現に向け、組織の再編や人員の拡充を図り、その意向に沿った官僚機構を構築した。その意味では、20世紀中葉以降、連邦政府の各部門にみられた官僚機構の拡大は、大統領からの要請という側面が強い。しかし、肥大化した官僚機構は自律性を高め、大統領の政権運営において逆に足かせとなることもある。そのため、大統領は官僚機構の拡充とともに、その政治化（politicization）も併せて推進する傾向がみられる。

　官僚機構の政治化は、従来、多様な側面から議論されてきたが、基本的には行政組織を改編し、政治任用の数や割合を増やすことにより、大統領への応答性を高める行為として捉えられる。[1]たとえば、テリー・モーの研究では、大統領が専門知識や時間等の資源において恒常的な制約を抱える中、行政組織の政治化を図り、自らの裁量の働くホワイトハウスに権限を集中させるメカニズムを明らかにしている。[2]また、マシュー・ディキンソンの研究では、大統領は効果的にリーダーシップを行使するため、大統領府内の各機関には忠誠心の高い人材を登用し、応答性を高めようと試みるが、そのことが大統領府の中立的な専門性を低下させるという、「政治化のパラドクス」を指摘している。[3]

76 第Ⅱ部 強大化する大統領権限

　官僚機構の政治化はトランプ政権においても顕著にみられ、主要官職の政治
任用や職業公務員への介入などを通し、大統領の意向に沿った官僚機構の構築
が進められている。こうした行動は、大統領による官僚機構の掌握を企図した
ものであるとともに、既成政治に対抗する大統領としての行動原理にも叶うも
のである。一方、政権発足時より、政治任用過程の遅れやホワイトハウスの機
能不全など、政治化の弊害とみられる現象も確認される。本章では、トランプ
政権発足後の1年間において、大統領がどのように官僚機構の政治化を図り、
そのことがどのような影響を及ぼしているかという点を中心に考察したい。

1　トランプ政権における政治任用の動態

(1)　政治任用の機能

　現代の連邦政府においては、資格任用制によって採用された職業公務員が大
部分の官職を占めており、政権交代の影響を受けることなく、継続的に職務に
従事している。しかし、執政部門の高級官職やスタッフ職には政治任用職も多
く、これらは政権交代のたびに一新される。今日、政治任用職が連邦政府全体
に占める割合は大幅に低下したものの、その数は4000程度に及び、これら官
職の任命権は大統領の貴重な政治資源となっている。[4]

　猟官制の時代より、政治任用職はしばしば腐敗の温床とみなされ、現代にお
いても行政活動の専門性や継続性を阻害する問題などが指摘される。一方、そ
うした批判がありながらも今日まで多くの政治任用職が残る背景には、大統領
の権力的要請に加え、連邦政府を取り巻く環境の要請もあげられる。流動的な
現代社会において大統領が多様な政策課題に対処するためには、一定程度、柔
軟な人事裁量が必要である。また、現代の政治任用者は各分野の高度な専門知
識や経験を有する者や、職業公務員では獲得が困難な調整能力や広範な人脈を
もつ者も多い。その意味では、現代の政治任用は猟官制の残滓にとどまらず、
現代的な課題に対処するために必要な制度として一定の役割を果たしている点
は否定できない。[5]

　それでは、大統領は政治任用の実施にあたり、どのような点を重視している
のであろうか。デイヴィッド・ルイスによれば、政治任用は「政策」志向と「パ

トロネージ」志向に分けられる。前者は各官職に必要な専門知識や技能を検討したうえ、それらを備えた人材を探し、任用するものである。後者は官職を与えたい人物がすでに決まっており、その人物に遂行可能な官職を宛がうものである。一般的な傾向として、前者を重視すれば、政治的に中立な専門能力の高い執政部門が形成され、後者を重視すれば、大統領の意向に忠実な執政部門が形成される[6]。

　トランプ政権においては、「パトロネージ」志向の任用が先行している印象が強い。親族や知人、選挙協力者が政権の要職に多く抜擢され、実際の政策形成や政権運営においても中心的な役割を担っている。一方、「政策」志向の任用に関しては、経済界や軍隊などにおける実績を評価した任用は多くみられるものの、従来より連邦政府の政策形成に関わっていた専門家の要職への任用は比較的少ない。このことは、既存の政治制度を否定するトランプ大統領の姿勢の表れともいえるが、ワシントンのインサイダー、とりわけ共和党系シンクタンクの専門家から協力を得られなかったこともその一因とされる[7]。

(2)　政治任用過程の長期化

　近年、政治任用において問題となっているものに、任用過程の長期化があげられる。大統領選挙後、政権移行チームが設置され、候補者の選定が行われるが、数が膨大なうえ、書類審査、各種調査、上院の承認など、多くの手続きを要する。その結果、政権発足時に任用の完了する官職は閣僚級の一部にとどまり、大部分の任用は政権発足後に行われる。とりわけ、近年は二大政党のイデオロギー的分極化を背景として、対立する政党の議員により、上院の承認過程が妨害される傾向にある。これにより、上院の承認が必要な高級官職（PAS官職）の任用には平均6ヶ月程度を要し、ときには1年以上かかる場合もある[8]。

　トランプ政権においても政治任用過程の遅れが顕著であり、ワシントン・ポストとパートナーシップ・フォー・パブリックサービスの調査によれば、上院の承認が必要な633の主要官職のうち、承認済みのものは、2018年1月18日時点では241の官職にとどまる。政治任用過程が長期化する要因として、候補者指名の遅れと、上院による承認の遅れがあげられる。トランプ政権においては両方の遅れがみられるが、とりわけ指名の遅れが顕著である。前述の調査に

よれば、633 の主要官職のうち、244 の官職の指名が完了していない。その背景として、トランプ大統領には政治家としての経験がなく、就任以前からの自前のスタッフをもたなかったことに加え、事前の採用活動が不十分であったことや、共和党系シンクタンクの専門家が政権入りに消極的であったことなども指摘される。また、各省の政治任用職に関しては、ホワイトハウスと各省長官の意向が対立し、任用が滞る例もみられる[9]。

　一方、トランプ政権は歴代の政権に比べ、制度面では有利な状況も確認される。2011 年、主要官職の任命が遅れることによって国家機能が麻痺することを回避するため、「大統領任命の効率化と合理化に関する法律（Presidential Appointment Efficiency and Streamlining Act of 2011）」が制定され、国土安全保障省等における多くの PAS 官職が上院の承認が不要なカテゴリー（PA 官職など）へと変更された。また、本来、フィリバスターの阻止には上院在籍議員の 5 分の 3 の賛成が必要であるが、2013 年 11 月、上院議事規則の解釈変更がなされ、連邦最高裁判所判事を除く人事承認に関しては単純過半数の賛成で足りるようになった[10]。2017 年 4 月には、連邦最高裁判所判事の承認に関しても単純過半数の賛成で足りるよう解釈変更がなされ、これによってニール・ゴーサッチ判事の承認獲得に成功した[11]。

　上院の議席分布に関しては、共和党は、2017 年 12 月にアラバマ州の上院補欠選挙において敗北した後も、辛うじて過半数（51 議席）を保っている。そのため、本来、共和党執行部との関係が良好に保たれていれば、フィリバスターなどに悩まされることもなく、多くの人事案件の承認は得られるはずである。2018 年の中間選挙によって議席数が変化し、状況が変わる可能性はあるが、当面、政治任用過程の停滞を解消するにあたっては、共和党執行部との関係を修復することが一番の課題となるであろう[12]。

2　政権の機能不全とその背景

(1)　大統領とスタッフの関係

　今日、大統領の執務は、大統領個人にとどまらず、大統領府内のスタッフ組織と一体となって行われている。このように、大統領とスタッフ組織の総体と

して大統領職を捉える概念として、大統領制研究では「制度的大統領職（institutional presidency）」という表現が用いられる。大統領は4年間の任期の中で国民の期待に応える必要があるが、憲法によって保障された権限は限られているうえ、各省庁の官僚機構は自律性が強く、自らの意向に従わせることも容易ではない。そのため、新たに就任した大統領はホワイトハウスに権限を集中させるとともに、政治任用によって自らの意に沿う人材を登用し、応答性を高めようとする。[13] このように、政権交代のたびに大統領は、限られた権限の許す範囲において「制度的大統領職」を再構築し、その政治的目的の達成を図るのである。[14]

　大統領による決定や行動が多数のスタッフとともに行われる組織的行為であるならば、大統領とスタッフの関係が重要となる。先行研究では、大統領とスタッフの関係に関して、「車輪のスポーク」型と「ヒエラルキー」型に大別して論じている。前者は、あらゆるスタッフが大統領から等距離に配置され、自由に大統領と接触できるような関係であり、ケネディ政権、カーター政権、クリントン政権などが該当する。一方、後者は、首席補佐官がホワイトハウスの命令系統を一元的に管理し、大統領との調整を一括して担うものであり、アイゼンハワー政権、ニクソン政権などが該当する。[15]

　従来の研究では、しばしば「車輪のスポーク」型の問題点が指摘されてきた。当選一期目の大統領は政治経験も浅いため、多数のスタッフと接触し、可能な限り多くの情報を得ようとしがちである。こうした大統領とスタッフの関係は、一見、大統領にとって望ましいもののように思われるが、実際の執務においてこれを維持することは容易ではない。現代の大統領が担う執務は膨大であり、迅速な対応も求められるが、その反面、大統領の知識、能力、時間は限られている。そのため、大統領が多くの問題に関わり過ぎれば、適切な対応が困難となり、執務の停滞を招く恐れがある。この点に関して、カーター政権の首席補佐官を務めたジャック・ワトソンは、同政権では大統領とスタッフが「車輪のスポーク」型の関係であったために、大統領が多くの問題に関わり過ぎ、執務の停滞を招いたうえ、ホワイトハウス内で整合性のとれた決定を行うことが困難であったことを指摘している。また、こうした事態を避けるため、個々のスタッフが無秩序に大統領と接触しないよう、首席補佐官が適切に管理することの重要性を強調している。[16]

(2) ホワイトハウスの混乱

　トランプ政権発足以来、スタッフ間の対立とそれに伴う政権の混乱が指摘されてきた。ジャレッド・クシュナー、イヴァンカ・トランプ夫妻とスティーブン・バノンの対立、アンソニー・スカラムチの広報部長起用に対するラインス・プリーバスとショーン・スパイサーの反発、ジョン・ケリー、ジェームズ・マティス、ハーバート・マクマスター等の軍出身者とバノン、セバスチャン・ゴルカ等の対立など、枚挙にいとまがない。こうした対立を背景として、多くのスタッフが早々に政権を去ることとなった[17]。また、ホワイトハウスが適切に統制されない中、大統領や高官に関する情報の漏洩がたびたび問題化するなど、政権の混乱が続いている[18]。

　スタッフ間の対立は、その方針の違いから発生するものであろうが、一方、それを助長する構造的背景もあるように思われる。とりわけ、トランプ政権のホワイトハウスには「車輪のスポーク」型の傾向がみられ、これに起因するであろう問題も確認される。政権発足当初、首席補佐官のプリーバスと首席戦略官のバノンにはホワイトハウスにおける中心的役割が与えられたが、両者の役割分担が不明確であったため、バノンはプリーバスによる統制を受けず、大統領に自由に進言できる立場にあった。その結果、イスラム諸国からの入国禁止措置、パリ協定からの離脱方針などの孤立主義的な外交政策、白人至上主義者に配慮した言動など、共和党主流派の方針とは相容れない政権運営がなされ、ホワイトハウス内の整合性が取れない状況が続いた。一方、プリーバスは首席補佐官でありながらも、ホワイトハウスを統制できるだけの権限を与えられず、親族のクシュナーやイヴァンカ・トランプをはじめ、多くのスタッフが大統領と自由に接触する、無秩序な状態であった。また、こうした混乱を背景として、主要官職において更迭人事が繰り返されたことにより、政権内部に専門性や経験が蓄積されず、政権運営は著しく安定性を欠いたものとなった[19]。

　この状況を打開すべく、2017年7月、国土安全保障長官を務めていたジョン・ケリーが、プリーバスに代わり、首席補佐官に就任した。ケリーは、首席補佐官がホワイトハウスの命令系統を一元的に管理することにより、秩序を取り戻す意向を示している[20]。スカラムチやバノンの退任も、ケリーからの要請であったとみられる。今後、ケリーの率いるホワイトハウスが共和党主流派との関係

を修復し、安定した政権運営へと移行することが期待される。一方、こうした「ヒエラルキー」型のホワイトハウスが、トランプ大統領の政治姿勢と調和するかどうかは不透明な面もある。首席補佐官の管理するスタッフ組織が硬直性を高めることになれば、大統領はそれを応答性の低下とみなし、さらなるスタッフの解任や、大統領令への依存の強化へと向かう可能性もある。[21]

3　職業公務員への政治的介入

(1)　連邦政府職員の採用凍結

　トランプ政権における官僚機構の政治化は、政治任用職にとどまらず、省庁組織の職業公務員に対しても継続的に行われている。連邦政府の職業公務員は、本来、公務員制度法の規定により、政治的中立性が保障され、政治家や政党による政治的介入から保護されている。しかし、こうした法律による保護が存在するのは、裏を返せば、職業公務員の政治的中立性が政治家や政党からの政治的介入により、歴史的に繰り返し阻害されてきたことの表れでもある。[22]

　トランプ政権においても、さまざまな形で職業公務員への政治的介入が続いている。2017 年 1 月 23 日、トランプ大統領は大統領覚書を発布し、連邦政府職員（軍人を除く）の新規採用を期限付きで凍結した。これは大統領選挙の公約として掲げられたものであり、選挙中は税金の無駄を省き、公務員の腐敗や汚職を一掃する取り組みとして主張されていた。覚書では、行政管理予算局と人事管理庁に対し、90 日間以内に連邦政府の職員数を削減するための長期的計画を策定するよう命じ、その計画の実施をもって採用凍結の命令が解除される旨が示された。この覚書の対象は、潜在的には連邦政府における約 210 万人の職業公務員であったが、一定の条件を満たす官職は対象から外された。対象から除外された官職には、政治任用職や短期採用の職員のほか、「国家の安全」や「公衆の安全」に関わる官職が含まれた。[23]

　発布された覚書は細部に曖昧な記述が多く、当初、各機関によって多様に解釈されていた。とりわけ、「国家の安全」や「公衆の安全」に関わる官職には具体的にどの官職が該当するかが不明確であり、解釈によってはかなりの数の官職が該当する可能性もあった。また、採用凍結により、各機関が外部から契

約職員を雇用し、むしろ財政的負担が増えることも懸念されていた。そのため、1月31日に人事管理庁によってガイドラインが示され、覚書の例外となる官職が具体的に提示されたうえ、従来、職業公務員が担っていた職務と実質的に同様の職務を担う契約職員を雇用することも禁止された[24]。

　採用凍結は同年4月に解除されたものの、その後は行政管理予算局の計画に従い、削減目標が定められ、職員削減の取り組みは継続された。計画は予算教書の内容に沿って策定されたため、環境保護庁などの機関はその後も大幅な人員削減を求められることとなった[25]。

(2) 職員解雇の要件緩和

　トランプ政権においては、新規採用を凍結するばかりでなく、現役の職業公務員の解雇要件を緩和する試みもみられた。本来、職業公務員は、公務員制度法によって政治的影響力から保護されているため、政治家や上司が不当に解雇することはできない。しかし、2017年6月に成立した、「退役軍人省のアカウンタビリティと内部告発者保護に関する法律（Department of Veterans Affairs Accountability and Whistleblower Protection Act of 2017）」は、退役軍人省における職業公務員の解雇に関する要件を大幅に緩和するものであった。

　従来の規定より、退役軍人長官が不祥事や業績の低さなどを理由として、同省職員に対して解雇、停職、降格の処分を下す際、事前に対象者に処分内容を通知しなければならない。新法では、通知から処分までに必要な期間が従来より短縮され、15日間となった。対象となる職員は処分に不服があれば、不服申し立てを行うことになるが、以降の手続きは一般職員か、上級幹部職員かによって異なる。一般職員の場合、第三者機関であるメリット・システム保護委員会に不服申し立てを行うこととなるが、申し立てが可能な期間は従来より短縮され、10日間以内となった。一方、上級幹部職員の場合、従来は認められていたメリット・システム保護委員会への不服申し立てが新法では廃止され、代わりに21日間以内に省内の審査会に不服申し立てを行うこととなった。以上のように、新法は処分の手続きを短縮し、上級幹部職員についてはメリット・システム保護委員会への不服申し立てを廃止するなど、全体として職業公務員に対する保護を弱め、長官が処分を下しやすいよう改正するものであった[26]。

このように、退役軍人長官の裁量を拡大する法律が成立した背景には、2014年6月に発生した退役軍人省の不祥事があげられる。同省の医療施設において診察待ち期間が長引く中、予約担当職員が平均の診察待ち期間を過少に報告していたために適切な対応がなされず、診察を待つ間に多くの患者が死亡した事件である。[27] トランプ政権においても同省の体質を改めるべく、デイヴィッド・シュルキン退役軍人長官が中心となり、退役軍人と納税者に対する説明責任を果たし、職員人事の透明性を高める改革が進められていた。[28]

新法は退役軍人省による処分手続きを簡略化し、長官による迅速な対応を可能にするものであったため、共和・民主両党における多くの議員のほか、退役軍人団体からの支持も得ることとなった。一方、米国政府職員連盟や上級幹部職連盟などの公務員団体は、善良な公務員が誤って標的にされる可能性や、懲罰面の説明責任ばかりが強調され、かつての猟官制と同様に運用されかねないことに懸念を表明している。[29]

⑶　予算による官僚機構の統制

職業公務員への政治的介入は、予算において連邦政府職員の人件費を削減する試みによっても進められた。トランプ大統領は、2017年5月に議会に提出した予算教書において、連邦職員退職制度における退職給付の積立金を増額するとともに、給付額が減額されるよう算定基準を変更し、生活調整費（COLA）に関しても連邦職員退職制度（FERS）では廃止し、公務員退職制度（CSRS）では減額することを提案した。一連の制度変更は、職員の人件費を実質的に削減することを企図したものであった。実際、この提案は職員の退職給付問題に限ったものではなく、先述した行政管理予算局による職員削減計画の一環として進められたものであった。[30]

退職給付制度の改正案に対し、多くの公務員団体は強い懸念を表明した。全米現役退職者連邦職員連盟（National Active and Retired Federal Employees Association）会長のリチャード・ティッセンは、従来、連邦職員は退職年金の保障と引き換えに国家に奉仕してきたが、トランプ大統領の削減案は、職員が苦労して獲得した年金の価値を損ねることにより、「暗黙の契約」を反故にするものであると主張している。[31]

84　第Ⅱ部　強大化する大統領権限

　退職給付制度の改正案には、一部の共和党議員からも反対の意向が示された。ロブ・ビショップ、トム・コール、オースティン・スコットなどの9名の共和党下院議員は、退職給付制度の改正案への反対を訴える手紙を、ポール・ライアン下院議長とケヴィン・マッカーシー多数党院内総務に連名で送付した。ビショップらは、退職給付の削減案が職員の生活に深刻な影響を与えることを批判したが、彼らが強調したのは退職給付制度に対する道義的責任である。すなわち、職員が将来の生活を設計できるよう、雇用の際に契約した基準に基づき、適切に退職年金を給付することの責任である。そのため、ビショップらの主張は、トランプ大統領の削減案により、職員が十分な年金を得られなくなること以上に、過去に遡って退職年金の基準が変えられることに対し、批判したものであった。[32]

おわりに

　以上のように、トランプ大統領は就任以来、さまざまな観点から官僚機構の政治化を試みてきた。自らの意向に沿うよう官僚機構を改編することは、政権運営にあたって必要な行動であるうえ、既成政治に不満をもつ支持者からの要請に応えるものでもある。しかし、過去の政権によって示されてきたように、官僚機構の過度な政治化は、しばしば政権自体の機能不全へとつながる。実際、トランプ政権では、政治任用過程、大統領とスタッフの関係、大統領と省庁組織の関係などにおいて、機能不全の兆候が現れ始めている。

　トランプ政権の官僚人事における当面の課題は、政治任用過程の停滞であろう。今後は候補者の指名を迅速化させるとともに、共和党執行部と良好な関係を保ち、上院の承認過程を円滑に進行させる必要がある。歴代の大統領は政治任用への妨害に対抗し、議会休会中に上院の承認を経ずに官職を任命する手法、すなわち休会任命を多用したが、トランプ政権の場合、この手法に期待することは現実的に難しい。2014年の最高裁判決により、休会任命の実施における厳格な要件が示され、民主党議員が妨害を図れば、休会任命の実施は、きわめて困難な状況にある。[33]

　これまでトランプ大統領は、イデオロギー的分極化や共和党執行部との軋轢

を打開するため、大統領令を積極的に活用してきた。しかし、大統領令によって議会を迂回し、大統領単独で影響力を行使することには限界がある。主要な政治任用職には上院の承認が必要なうえ、公務員制度の改変も議会における立法措置を伴う。また、予算の決定は議会の専権事項であるため、共和党執行部の協力がなければ、予算面から官僚機構を統制することも困難である。

　政権発足から1年、トランプ大統領は既存の官僚機構を政治化させることにより、その存在感を示してきた。しかし、官僚機構の政治化は、さまざまな問題は引き起こしたものの、大統領が官僚機構を適切に掌握することには必ずしも寄与していない。政治任用職に空席が目立ち、職業公務員との関係も悪化する中、官僚機構を機能不全に陥れることと、自らの意に沿うよう官僚機構を構築することとの矛盾が、ますます明らかな形で現れ始めている。今後、トランプ政権が各分野において成果をあげるためには、まずはその基盤となる官僚機構を整備し、適切に機能させることが必要である。その意味では、今後の官僚人事の展開は、政権の行く末を占う試金石となるであろう。

[注]
1)　デイヴィッド・ルイスによれば、「政治化」とは「政治任用者の数と組織への浸透度を増す行為」を意味する（訳書より引用）。David E. Lewis, *The Politics of Presidential Appointments: Political Control and Bureaucratic Performance* (Princeton University Press, 2008), p. 2 ［邦訳］デイヴィッド・ルイス著、稲継裕昭監訳、浅尾久美子訳『大統領任命の政治学――政治任用の実態と行政への影響』（ミネルヴァ書房、2009年）2頁。本章では、政治任用の数や割合を増加させる行為のほか、大統領とスタッフの関係や官僚機構の構造を改変する行為、職業公務員に対する政治的介入なども含め、より広い意味で「政治化」という表現を用いている。
2)　Terry M. Moe, "The Politicized Presidency," John E. Chubb and Paul E. Peterson eds., *The New Direction in American Politics* (The Brookings Institution, 1985), pp.235-271.
3)　Matthew J. Dickinson, "The Executive Office of the President: The Paradox of Politicization," Joel D. Aberbach and Mark A. Peterson eds., *The Executive Branch* (Oxford University Press, 2005), pp.135-173.
4)　2016年12月1日時点では、政治任用職に該当する官職（PAS官職、PA官職、NA官職、SC官職）　の合計は4013である。Committee on Homeland Security and Governmental Affairs, United State Senate, 114th Congress, 2d Session, *United States Government Policy and Supporting Positions*, December 1, 2016 (https://www.govinfo.gov/

content/pkg/GPO-PLUMBOOK-2016/pdf/GPO-PLUMBOOK-2016.pdf, accessed November 30, 2017), pp.213-216.

5) 菅原和行「アメリカ政治任用制の過去と現在」久保文明編著『オバマ大統領を支える高官たち——政権移行と政治任用の研究』（日本評論社、2009年）25-41頁。

6) Lewis, *The Politics of Presidential Appointments*, pp.27-30［稲継監訳、浅尾訳32-36頁］；菅原和行「アメリカ大統領権限分析プロジェクト：大統領権限と官僚制」東京財団ウェブサイト論考、2017年（https://www.tkfd.or.jp/research/america/l042c5、2017年12月31日確認）。

7) 中林美恵子『トランプ大統領とアメリカ議会』（日本評論社、2017年）192-197頁。

8) 菅原「アメリカ政治任用制の過去と現在」38-39頁。

9) Washington Post and Partnership for Public Service, "Tracking How Many Key Positions Trump has Filled so far"（https://www.washingtonpost.com/graphics/politics/trump-administration-appointee-tracker/database/?tid=a_inl, accessed January 19, 2018); 中林『トランプ大統領とアメリカ議会』189-192頁; Josh Rogin, "State Department Head of Diplomatic Security Resigns," WashingtonPost.com, July 26, 2017（https://www.washingtonpost.com/news/josh-rogin/wp/2017/07/26/state-department-head-of-diplomatic-security-resigns/?utm_term=.33ee9af84a78, accessed December 31, 2017）.

10) 廣瀬淳子「アメリカ連邦議会上院改革の課題——フィリバスターの改革」レファレンス758号（2014年）38-39、47-49頁；菅原和行「官僚制——オバマによる応答性の追求とその限界」山岸敬和＝西川賢編著『ポスト・オバマのアメリカ』（大学教育出版、2016年）48頁；中林『トランプ大統領とアメリカ議会』138-142、187-190頁；Brad Plumer, "Does the Senate Really Need to Confirm 1,200 Executive Branch Jobs?" *WashingtonPost.com*, July 16, 2013（https://www.washingtonpost.com/news/wonk/wp/2013/07/16/does-the-senate-really-need-to-confirm-1200-executive-branch-jobs/?utm_term=.e5f3b36066b9, accessed November 30, 2017）.

11) Ed O'Keefe and Sean Sullivan, "Senate Burns Bridge to Clear Gorsuch's Way," *The Washington Post*, April 7, 2017; 中林『トランプ大統領とアメリカ議会』140-141頁。

12) Michael Scherer, Robert Costa, and Josh Dawsey, "For Both Parties, a New Midterm Election Playbook," *The Washington Post*, December 14, 2017.

13) Moe, "The Politicized Presidency," pp.235-236; Francis E. Rourke, "Responsiveness and Neutral Competence in American Bureaucracy," *Public Administration Review*, 52（6）, 1992, pp.539-546. 本節における大統領とスタッフの関係、トランプ政権のホワイトハウスに関する説明は、菅原和行「アメリカ大統領権限分析プロジェクト——大統領スタッフの抱える構造的ジレンマ」東京財団ウェブサイト論考、2017年（https://www.tkfd.or.jp/research/america/nqaa2w、2017年12月31日確認）、菅原和行「行政国家の時代におけるスタッフ組織の機能不全に関する一考察——アメリカ大統領府を事例として」釧路公立大学地域研究26号（2017年）第2、3章を一部参照した。

14) 待鳥は、「大統領が持つ制度的権限と、大統領に寄せられる有権者の期待とのギャップ」に着目し、これを「現代大統領制のディレンマ」と呼んでいる。待鳥聡史『アメリカ大統領制の現在——権限の弱さをどう乗り越えるか』（NHK出版、2016年）72頁。

第 6 章　官僚機構の政治化とその帰結　87

15）　Samuel Kernell and Samuel L. Popkin, *Chief of Staff: Twenty-five Years of Managing the Presidency* (University of California Press, 1986), pp.60-78, 215-221［邦訳］S・カーネル、S・L・ポプキン編、徳田太司訳『大統領首席補佐官——ホワイトハウス政治の実像』（東洋経済新報社、1988 年）49-66、210-216 頁；廣瀬淳子「アメリカの大統領行政府と大統領補佐官」レファレンス 676 号（2007 年）56 頁；Cal Jillson, *American Government: Political Development and Institutional Change, Ninth Edition* (Routledge, 2017), pp.327-329; 菅原「行政国家の時代におけるスタッフ組織の機能不全に関する一考察」78 頁。

16）　Kernell and Popkin, *Chief of Staff*, pp.60-78, 215-221［徳田訳 49-66、210-216 頁］; Harold C. Relyea, "The White House Office," Harold C. Relyea ed. *The Executive Office of the President: A Historical, Biographical, and Bibliographical Guide* (Greenwood Press, 1997), pp.72-75；菅原「行政国家の時代におけるスタッフ組織の機能不全に関する一考察」78 頁。

17）　中林『トランプ大統領とアメリカ議会』191-197 頁；Philip Rucker and Ashley Parker, "New White House Communications Chief Moves Toward Possible Staff Purge," *The Washington Post*, July 25, 2017; 菅原「行政国家の時代におけるスタッフ組織の機能不全に関する一考察」79 頁。

18）　Philip Rucker, Ashley Parker, Sari Horwitz and Robert Costa, "Inside Trump's Anger and Impatience – and his Sudden Decision to Fire Comey," *The Washington Post*, May 11, 2017.；久保文明「トランプのホワイトハウス——ケリーは秩序と規律を回復できるか？」笹川平和財団「日米交流事業：SPF アメリカ現状モニター」論考、2017 年（https://www.spf.org/jpus-j/investigation/spf-america-monitor-document-detail001.html、2018 年 1 月 22 日確認）。

19）　Kernell and Popkin, *Chief of Staff*, pp.60-78, 215-221［徳田訳 49-66、210-216 頁］; Harold C. Relyea, "The White House Office," pp.72-75; David Ignatius, "Tillerson's Painfully Slow Start at State," *The Washington Post*, March 10, 2017; Anne Gearan, Trump isn't Reconsidering Withdrawal from Paris Accord," *The Washington Post*, September 18, 2017; 久保「トランプのホワイトハウス」；菅原「行政国家の時代におけるスタッフ組織の機能不全に関する一考察」79-80 頁。

20）　Jennifer Rubin, "Kelly takes over for Priebus," *The Washington Post*, July 30, 2017; 久保「トランプのホワイトハウス」；菅原「行政国家の時代におけるスタッフ組織の機能不全に関する一考察」80 頁。

21）　Abby Phillip, John Wagner, Damian Paletta, "Kelly Becomes Chief of Staff: Scaramucci Fired," *The Washington Post*, August 1, 2017; Ashley Parker, Philip Rucker, Robert Costa and Damian Paletta, "Trump Thrusts Bannon Aside," *The Washington Post*, August 20, 2017.

22）　Ronald D. Sylvia, *Public Personnel Administration* (Harcourt Brace College Publishers, 1994), pp.15-21.

23）　Joe Davidson and Eric Yoder, "What does a Hiring Freeze Mean for the Federal Workforce?" *The Washington Post*, January 24, 2017; Lisa Rein, "Trump's Hiring Freeze could Turn Out to be Less Sweeping than It Appears," *The Washington Post*, January 25, 2017.

24）　Eric Yoder, "Hiring Freeze Closed Government's Front Door but Left Many Windows Open

President Trump's Federal Hiring Freeze Order Leaves Room for Agencies to Continue Filling Vacancies under a Number of Circumstances," *The Washington Post*, February 1, 2017.

25) Lisa Rein and Damian Paletta, "White House Tells Agencies to Come up with a Plan to Shrink their Workforces," *WashingtonPost.com*, April 11, 2017 (https://www.washingtonpost.com/powerpost/white-house-tells-agencies-to-come-up-with-a-plan-to-shrink-their-workforces/2017/04/11/79961738-1efd-11e7-ad74-3a742a6e93a7_story.html?utm_term=.32e165f9dd6f, accessed November 30, 2017).

26) Lisa Rein, "Congress Clears Bill on Firing VA Workers," *The Washington Post*, June 7, 2017; Joe Davidson, "New VA Law Sets Stage for Government-wide Cut in Civil-service Protections," *WashingtonPost.com*, June 20, 2017 (https://www.washingtonpost.com/news/powerpost/wp/2017/06/21/new-va-law-sets-stage-for-government-wide-cut-in-civil-service-protections/?utm_term=.6b2c96179e4a, accessed December 31, 2017).

27) Samuel Kernell, Gary C. Jacobson, Thad Kousser, and Lynn Vavreck, *The Logic of American Politics, Edition 7* (CQ Press, 2015), p. 340; 菅原「官僚制」53 頁。

28) Joe Davidson, "VA Fires More than 500 Feds under Trump, even before New Accountability Law," *The Washington Post*, July 9, 2017.

29) Rein, "Congress Clears Bill on Firing VA Workers"; Davidson, "VA Fires More than 500 Feds under Trump, even before New Accountability Law."

30) Joe Davidson, "Federal Workers Lose in Trump Budget," *The Washington Post*, May 19, 2017.

31) Joe Davidson, "A 'Slap in the Face' for Federal Workers: Budget Plan Erodes Retirement Benefits," *The Washington Post*, May 24, 2017.

32) Joe Davidson, "GOP House Members Oppose Trump on Retirement Changes for Federal Workers," *The Washington Post*, July 13, 2017.

33) Michael Shear, "Decision by Justice Opens a New Debate on the Limits of Presidential Power," *The New York Times*, June 27, 2014; 大林啓吾「続・休会任命をめぐる憲法構築──NLRB v. Noel Canning 連邦最高裁判決をよむ」千葉大学法学論集 29 巻 3 号（2015 年）2-26 頁。

第**7**章

大統領の側近と大統領権限
――議会対策としての多数党化戦略を中心に

松岡　泰

・・

はじめに

　大統領には政府高官や連邦裁判所裁判官の人事権があるといわれている。しかし、大統領がもっているのは候補者を指名する権限であって、最終的に承認するのは議会である。また外交は大統領の専権事項といわれるが、それは大統領に外国と交渉する権限が認められているだけであって、それが発効するためには議会の批准が必要である。このようにアメリカは厳格な三権分立制を採用しているので、大統領権限には大きな制約があり、ほとんどが条件付きの権限である。大統領権限を制約する最大のものが議会である。したがって大統領が大統領権限を十分に行使しようと思えば、連邦議会両院で最低でも議員の半数以上から支持を取りつける必要がある。そこで重要となってくるのが、ホワイトハウスによる議会対策である。

　かつては民主・共和両党間にイデオロギー対立はあまりなく、ホワイトハウスは政党の枠に縛られないで議員と取引し、多数派工作をすることができた。しかし一方で、予備選挙の普及と政党再編成が党組織の衰退を招き、党内での調整を難しくした。他方で、1980 年代以降に分割政府が常態化した中でイデオロギー的分極化が進行し、政党間対立も厳しくなると、政党の枠を超えての取引も困難になった。その結果、近年では大統領の最も効果的な議会対策は、上下両院で所属政党が同じ議員を過半数当選させることに移っていった。[1] 本章

でホワイトハウスの議会対策専門家は取引能力に秀でたネゴシエーター型から選挙責任者型に変化した点を強調し、大統領権限の問題を選挙責任者の観点から論じるのも、そのためである。

とりわけ共和党の選挙責任者に焦点を絞るのは、共和党は大統領を多数輩出しながら連邦議会で長年少数政党であったため、議会対策として多数党化戦略を明確に打ち出し、大統領側近の選挙責任者は連邦議会議員や州レベルの選挙にまで介入しはじめたからである。

ところで、ホワイトハウスによる議会対策としての選挙対策は、大別すると二つに分類できる。一つは大統領個人の人柄や能力を国民に直接アピールし、大統領個人の人気を利用して議員を多数当選させるタイプである。古くは炉辺談話を活用したフランクリン・ローズベルトや戦争の英雄として名高いアイゼンハワー、近年ではレーガンやオバマなどが、このタイプである。第1節では、大統領個人の人気を高める技術を開発した3人のパイオニアを紹介する。もう一つのタイプは第2節で紹介するように、選挙のプロを雇い、「アメとムチ」を駆使して議員1人1人を懐柔したり、あるいは大統領と同じ政党の立候補者が選挙で当選しやすい環境を整備するなど、選挙のたびごとにきめの細かな対策を打つ政権である。リンドン・ジョンソンやニクソン、近年ではブッシュ親子などが、このタイプといえよう。

1　デモクラシー下で発展する世論操作の技術

一般論として、大統領の支持率が上がれば大統領と同じ政党の議員も当選しやすくなり、それが結果的には議会での多数派工作にもなる。したがって大統領の側近集団は政権の支持率を上げようとして、政権が掲げる公約や業績を日常的に有権者に売り込み、またそれができる権限を有している。本節では、ホワイトハウスが日常的に行っている選挙運動とその担い手であるメディア対策専門家のパイオニアを、3例紹介しよう。

(1)　政府の宣伝のパイオニア──エドワード・バーネイズ（1891-1995）

政府の宣伝の前史として避けて通れない人物が、PR（パブリック・リレイシ

ョンズ）の開拓者であるエドワード・バーネイズである。バーネイズはウィーン生まれのオーストリア系アメリカ人で、母親アンナの兄は精神分析学の創立者であるジグムント・フロイトであり、父親エリー・バーネイズはフロイトの妻の弟である。このような家系に生まれたバーネイズは叔父フロイトの精神分析学の影響を受け、同時にギュスターヴ・ル・ボン等の群衆心理学を学んでそれらを独自に融合させ、伝統的なプロパガンダに替わって宣伝（PR）という領域を開拓した。彼は第一次世界大戦時には名著『世論』の著者ウォルター・リップマンと一緒に米国広報委員会に所属したが、この委員会はアメリカの参戦は「全ヨーロッパに民主主義をもたらす」と国民に訴えて、参戦への世論と戦意高揚とを育む政府の戦時プロパガンダの機関であった。この種の経験を通して、バーネイズは大衆心理をコントロールする宣伝のパイオニアとなった。世論を重視する民主主義国家アメリカでは、宣伝の専門家は政府の政策や方針を国民が受け入れやすい言葉に翻訳する専門家として、また選挙に際しては有権者が好むイメージに合わせて候補者を売り込む専門家として、重宝されることになった。バーネイズ以降、世論操作ないしはイメージ操作の技術はますます巧妙になり、大統領の政権維持には欠かせない道具となった。

(2) 大統領の演出家——マイケル・ディーヴァー（1938-2007）

ロナルド・レーガン大統領はアメリカ国民に絶大な人気があったが、レーガンの人気と威光を背後で支えていたのは、側近のマイケル・ディーヴァーであった。ディーヴァーはレーガンのカリフォルニア州知事時代からのスタッフで、ホワイトハウスでは次席補佐官という立場から、レーガンのイメージ作りの責任者となった。レーガンはしばしばグレート・コミュニケーターと呼ばれるが、グレート・コミュニケーターとしてのレーガンの強みを最大限に発揮させる環境をいかに作り出すか、それこそディーヴァーの仕事であった。ディーヴァーは、表情や仕草からレーガンの考えを読みとり、スピーチ原稿をレーガン好みの文章に書き改めただけでなく、スピーチの舞台や演出も指示し、レーガンが人前に出るときはカメラ写りを考慮し、大統領にメモを渡して立ち居振る舞いまで指示した。またディーヴァーは大統領のスケジュール管理を一手に引き受け、レーガンの威光が陰らないよう、レーガンが人前に出るのを極力避けさせ、

マスコミ関係者がレーガンに質問できないような環境を設定した。マイケル・ディーヴァーは、一方ではレーガンの魅力を最大限に引き出し、他方では国民が好む立ち居振る舞いや発言をレーガンにさせ、両者を融合させて演出できたイメージ・メーカーであった。[3]

(3) 世論調査と政策の順位付け——パトリック（パット）・キャデル（1950-　）

　1990年代以降、パソコンが安価に入手できるようになり、インターネットも一般に普及したため、選挙ではどの候補もパソコンを駆使した世論調査を利用するようになった。しかし1970年頃まではコンピュータを利用するには莫大な経費がかかったため、コンピュータを利用して世論調査をするなど、夢物語に近かった。ところが、パット・キャデルとジョン・ゴーマンの2人はカーター陣営の世論調査専門家となり、1976年の大統領選挙で無名の候補ジミー・カーターを当選させた。[4]大統領選挙では、地域ごとにどのようなテーマが好まれるのか、世論調査はこの判断のためのデータを提供したのである。それ以降、世論調査専門家は選挙には不可欠の存在になった。

　それだけではない。カーターは大統領就任後もパット・キャデルをホワイトハウスの側近として迎え入れ、アメリカ社会が抱えている無数の問題群の中から、カーター政権としてはどの問題を政策課題として取り上げるべきか、世論調査のデータに基づいて政策を選択する仕事を任せた。

　しかし間違った優先順位を出せば、政権は致命的なダメージを受ける。1979年7月15日、カーター大統領がアメリカ国民に向けて行った演説は、その内容の深刻さと険しい表情から、通常「重苦しいスピーチ」と呼ばれている。[5]カーター大統領は未曾有のエネルギー危機に直面し、具体的には原油輸入の大幅削減を打ち出した。しかしカーター大統領がこのスピーチで強調したのは、連邦政府の国民からの孤立、将来に対する国民の不安感、政府への信頼感の欠如、アメリカ人としての自信の喪失であり、この目にはみえない信頼や自信を回復する重要性を訴えた。この演説をした2日後に閣僚数名を更迭すると、カーター政権の支持率は急速に下落した。国民が抱いている不安感や不満感が、そのままカーター政権にブーメランのように跳ね返ってきたのである。

2 議会対策としての多数党化戦略

本節では、選挙を直接取り仕切る選挙責任者・選挙戦略家を紹介する。大統領が選挙責任者を政権運営のキーパーソンと位置づけるのは、再選の準備のためだけではない。大統領が所属する政党が上下両院で多数党にならなければ、大統領は公約を実現するのが困難になるからである。

(1) 古典的な選挙責任者——ローレンス（ラリー）・オブライエン（1917-1990）

ジョン・F・ケネディは1960年大統領選挙で勝利して大統領になったが、その時ケネディ候補の選挙責任者を務めたのがラリー・オブライエンである[6]。オブライエンの両親はともにアイルランド移民で、マサチューセッツ州西部に居を構えた。その地域は共和党の牙城であったが、オブライエンの父親は熱心な民主党員となり、地域のリーダーとなった。したがってオブライエンの家には、アイルランド系の政治家や活動家が常にたむろしていた。アイルランド系のアル・スミスが1928年大統領選挙に立候補したときは、父親はまだ11歳のオブライエンをボランティアとして動員している。当然のことに、彼も自ずと民主党の活動家になった。

地元の大学を卒業後、オブライエンは友人が連邦下院議員に立候補したとき（1946年、1948年、1950年）に選挙責任者に指名され、2回目と3回目の選挙で勝利した。その選挙結果を受け、ジョン・F・ケネディは1952年に連邦上院議員選挙に出馬した際、オブライエンを選挙責任者に指名し、当選した。ケネディは1958年に再選を果たすと、1960年には大統領選挙に出馬し、引き続きオブライエンを選挙責任者に指名した。ケネディ大統領が暗殺された後も、オブライエンはリンドン・ジョンソン（1964年）、ヒューバート・ハンフリー（1968年）、ジョージ・マクガヴァン（1972年）から大統領選挙の選挙責任者等を依頼され、4回連続で民主党候補の大統領選挙を取り仕切った。

オブライエンは選挙運営でイノベーションをもたらした。ケネディが1952年に連邦上院議員選挙に出馬したときは、従来のように選挙運動を各地域の党の活動家に任せるのではなく、アマチュアを運動員として340人募集し、マニュアル本を配布して方針を直接運動員に伝え、選挙運動全体を自ら統括した。

その際運動員に対しては、有権者登録、ボランティアとして女性の動員、電話での投票の依頼などを強調し、いたる所でお茶会を開催させてケネディの母親や妹たちと握手する機会を作るなど、きめの細かいどぶ板選挙を行った。

　ところで、ケネディとジョンソンの両政権下で、平和部隊の創設、最低賃金の引き上げ、メディケア、公民権法、投票権法など、多くの重要法案が成立した。重要法案を多数成立させた最大の功労者は、いうまでもなくリンドン・ジョンソンである。ジョンソンはケネディ政権の副大統領になる以前、上院で多数党院内総務を６年経験し、議会のルールを熟知し議員操縦の達人として有名であり、そのジョンソンが先頭に立って議会対策を行ったからである。

　しかし忘れてならないのは、オブライエンの存在である。1961 年にケネディが大統領に就任すると、ケネディはオブライエンを議会対策の特別補佐官に任命した。ケネディが暗殺されると、後任のジョンソン大統領も即座にオブライエンを議会対策の特別補佐官に任命した。オブライエンは大統領選挙も経験し、全国党大会に集う各州の代議員団とネットワークを築き上げていたので、選挙で蓄積した人脈・チームワーク・組織運営の能力が、議会対策にも存分に発揮されたのである。1961 年９月１日発刊の雑誌『タイム』は表紙に「大統領側近ラリー・オブライエン」の写真を掲載したが、表紙の帯のキャプション「ホワイトハウスと連邦議会：権力、パトロネージ、説得力」は、オブライエンのネゴシエーターとしての能力を見事に表現している[7]。ちなみに、民主党の熱心な活動家であったオブライエンは 1968 年と 1970 年の二度、民主党全国委員会委員長にも選ばれている。

(2)　共和党の選挙戦略家──ケヴィン・フィリップス（1940- ）

　壮大なグランド・デザインを描く選挙戦略家の典型といえば、ケヴィン・フィリップスであろう。フィリップスは 1968 年大統領選挙に出馬したリチャード・ニクソンの選挙責任者ジョン・ミッチェルの補佐官をした人物で、ニクソンが大統領に就任し、ミッチェルが司法長官ポストに就くと、フィリップスはそれに伴って司法長官の特別補佐官となった。しかし１年で職を辞し、それ以降は政治コラムニストとして活動したが、彼が著わした『共和党多数派の出現』（1969年）は南部戦略のバイブルとして有名である[8]。

フィリップスによれば、その内容は以下の通りである。戦争の英雄アイゼンハワーが政権を担っていた時期は例外として、1933年から1968年まで民主党はニューディール連合を構築して盤石な体制を築き上げた。しかしフィリップスは各種のデータを駆使して、二大政党の支持基盤が大規模に変化する政党再編成が生じつつあり、共和党多数派が形成されつつあると論じたのである。

政党再編成の最大の起爆剤となったのは、黒人運動と「都市暴動」である。1955年以降、黒人の半分が住んでおり、民主党の牙城であった南部で、まずM. L. キング牧師率いる公民権運動が燃え上がった。続いて北東部や中西部の大都市では、ブラック・パワーやマルコムX等の運動が発生した。さらには全米の大都市でいわゆる「黒人暴動」や焼き討ち事件が発生した。これらを契機に、多くの白人はますます激しくなる黒人運動や「都市暴動」に反感を抱くようになった。しかもケネディとジョンソンという二つの民主党政権が公民権運動を支援したこともあり、南部の白人は支持政党を民主党からジョージ・ウォーレスの党ないしは共和党に変えていった。さらに産業の中心地が北東部からサンベルト地帯に移動し、南部の人口が爆発的に増えた結果、南部の政治力はますます大きくなる。逆に政治の世界でヘゲモニーを握ってきた北東部は、政治力を失うことになる。要するに、盤石にみえるニューディール連合も人種・民族問題を軸に亀裂が急激に深まりつつある。つまり、フィリップスはアメリカ社会の中に存在するいく筋もの社会的亀裂を利用し、それを梃子に共和党多数派連合を構築しようとしたのである。

ニクソン候補が大統領選挙戦で掲げた「法と秩序」というスローガンは、一方で黒人運動や「黒人暴動」に対して、他方で白人の間で巻き起こっている反戦デモやカウンター・カルチャーに対して、毅然として対処する姿勢を白人有権者に暗示することになった。

(3) 現代版選挙責任者──ハーヴェイ・リロイ（リー）・アトウォーター（1951-1991）

リー・アトウォーターはロナルド・レーガン政権では補佐官を務め、1988年大統領選挙では17ポイントもリードされていた副大統領のブッシュ（父）候補を勝利に導いた選挙責任者である。アトウォーターは黒人の重罪犯ウイリー・

96 第Ⅱ部 強大化する大統領権限

ホートンを利用したテレビ広告で白人の不安感や恐怖心をあおり、また世論調査を装って対立候補に関する悪質なデマを流す手法（プッシュ・ポル）も頻繁に使い、ネガティヴ・キャンペーンを更に過激かつ陰湿なものにした「悪い奴」として有名である[9]。

　しかしアトウォーターは大統領選挙での勝利に満足せず、自ら希望して共和党全国委員会委員長のポストに就き、共和党多数派支配を完成させようとした。大統領は所属政党の全国委員会委員長の指名権をもっており、ブッシュ（父）大統領はアトウォーターの要望に応えて指名したのである。オブライエンの時代は、民主党が大統領ポストと議会の上下両院で多数派を占めていただけでなく、政党間のイデオロギー対立も穏やかであったので、取引を通して議会の多数派を形成することができた。ところがレーガン〜ブッシュ（父）政権の時代、共和党は連邦下院では大差（約50議席から100議席差）で少数派にとどまっており、また政党間のイデオロギー対立も激しくなっていたので、両政権は議会内で取引を通して多数派工作をすることは困難になっていた。

　したがって共和党政権が政策を実現するためには、下院でも多数派になる必要があった。アトウォーターによれば、共和党が連邦下院で圧倒的に少数派であるのは、民主党が州議会を支配して共和党に不利な選挙区割りをしているからである。したがってアトウォーターは、一方で選挙区割りの法案成立に大きな権限をもつ州知事選挙に着目し、激戦州の州知事選挙を支援する体制を整えようとし、他方で州議会における選挙区割りの改革に積極的に関与しようとした。すなわちアトウォーターは大統領選挙だけでなく、それと同時に州で実施される連邦議員選挙や州知事選挙にも介入しようとしたのである。

　アトウォーターが特に注目したのは黒人多数派選挙区である。黒人に投票権が認められ、選挙区の人口格差が是正されても、黒人人口が多い深南部で黒人議員は誕生しなかった。そこで連邦議会は州議会が行う選挙区割りに問題があるとして1982年に投票権法を修正し、黒人が多数派になる選挙区の創設を南部諸州の州議会に要求した。そして、その黒人多数派選挙区は10年後の1992年から導入されることになった。共和党支持者の9割は白人で、黒人は民主党の堅固な票田であったにもかかわらず、アトウォーター＝ブッシュ政権は一般の予想に反して公民権団体を支援し、黒人多数派選挙区の数を最大化しようと

した。事情は以下の通りである。南部諸州で黒人多数派選挙区が増えると、それ以外の選挙区は逆に白人多数派選挙区となる。白人多数派選挙区では共和党候補が当選しやすいだけでなく、白人多数派選挙区の数は黒人多数派選挙区よりもはるかに多いため、黒人多数派選挙区が増えると、共和党議員が一挙に増えるシナリオである。

アトウォーターは1990年3月に脳腫瘍がみつかり、1年後には他界したが、アトウォーターの方針に従って共和党全国委員会は選挙区割り関係の情報が入ったパソコンを南部諸州の公民権団体に無料で配布した。黒人の公民権団体はこの情報をもとに民主党支配下の州議会に圧力をかけ、黒人多数派選挙区を増やすのに成功した。アトウォーターの予測通り、1992年と1994年の2回の選挙で、共和党は下院で約60議席増やし、南部と連邦下院の双方で多数党になった。アトウォーターは白人と黒人の人種間対立・緊張を利用して共和党を多数党化するのに成功したのである。[10]

3　大統領権限と司法の政治化──カール・ローヴ（1950-　）

ケヴィン・フィリップスに端を発し、リー・アトウォーターを経由して発展した共和党の多数党化戦略は、その後どのように変容したのであろうか。リー・アトウォーターの後継者と目され、ブッシュ（子）政権の選挙責任者を務めたカール・ローヴを例にとり、その後の発展・変容の軌跡をたどってみよう。

(1)　リー・アトウォーターの後継者

次に紹介するカール・ローヴは、1980年代にはレーガン政権下でアトウォーターの部下として働き、1990年代にはブッシュ（子）の選挙責任者として、2001年以降のブッシュ（子）政権下では次席補佐官・選挙責任者として活躍し、アトウォーターの選挙戦略を踏襲・発展させた人物である。たとえばブッシュ（子）が1994年にテキサス州知事選に立候補したとき、文化の多様性を売りにしていたリベラル派の民主党現職知事アン・リチャーズに対して、ブッシュ陣営は白人と黒人の2人の男性がキスしている絵に、「これが、アン・リチャーズが公立学校であなたの子供たちに教えたがっていることです」という解説を

入れたチラシを作成し、教会に駐車している車のワイパーに差し込んだ。信仰心が強いテキサス州東部でこの噂は瞬く間に広がり、アンの致命傷になった。このダーティー・トリックを仕掛けたのも、ローヴといわれている。[11]

　ブッシュ（子）が大統領選挙に出馬した際には、ローヴ率いるブッシュ（子）陣営は熱心なキリスト教徒が多い南部全域と中西部での勝利を確実なものにするために、宗教心に訴えた。とりわけ激戦州では敬虔な信者に激しい反応を呼び起こす同性婚をとり上げ、同性婚の禁止を州憲法に盛り込む修正案を提出して、宗教保守層を動員するのに成功した。アトゥウォーターは人種を争点にしたのに対して、ローヴは宗教心を争点にした。ローヴの選挙戦略の特徴は敵の長所を逆手にとって攻撃し、有権者の不安感や恐怖心をあおって、社会の中に眠っていた亀裂をあえて引きずり出す手法である。

　さらにローヴはブッシュ（子）大統領の側近としてホワイトハウスに入ると、共和党を連邦議会で多数党にすべく、選挙区の舞台装置に手を入れ始めた。それでは、ローヴが行った選挙対策とはいったいいかなるものであろうか。

(2)　裁判所の政治化

　周知のように、大統領は連邦最高裁判所の裁判官を指名する権限をもっている。この人事権の選挙結果への影響力は、2000年の大統領選挙を思い出すだけで十分であろう。共和党のブッシュ（子）候補と民主党のゴア候補は大統領選挙人の争奪戦で大接戦を演じ、フロリダ州で決着が着くことになった。同州では票のリカウントでもめて裁判になり、最終的には連邦最高裁判所の判断がブッシュ（子）候補の勝利を決定した。連邦裁判所が選挙結果を左右したのである。その際忘れてならないのは、共和党の大統領から任命された共和党の裁判官が多数派意見に与し、共和党のブッシュを当選させた点である。

　大統領は連邦裁判所の裁判官を人選する際、自分が属する政党の司法関係者を指名するのが常である。連邦裁判所の人事は伝統的に徹底して党派的であり、民主党の大統領は民主党支持者から、共和党の大統領は共和党の支持者から候補者を選んでおり、党派にそった人事の比率は9割近くに達している。これが、ときには選挙の勝敗を決することになる。

　ところがブッシュ（子）政権以降、司法の政治化はあらゆる領域に浸透して

いった。次に、ポール・アレクサンダー『マキャヴェリの影——カール・ローヴの台頭と没落』（2008 年）に依拠し、カール・ローヴが関与したと思われる事例を紹介しよう。[12] 連邦裁判所と並んでアメリカの司法のもう一つの柱である州裁判所の場合、州の有権者が裁判官を選挙で選出するのが一般的で、この種の選挙は伝統的に党派性の出ない静かな選挙であった。しかしブッシュ（子）政権下では、司法部門の政治化は州裁判所でも進行した。一方で州裁判所では莫大な利権が絡む訴訟が増え、他方で僅差で勝敗が決するスウィング・ステイトでは選挙関係のトラブルも多なり、その結果、州裁判所裁判官の役割が急に大きくなった。カール・ローヴは州裁判所の役割の重要性に気づき、共和党関係者と連携して政治資金を捻出し、この種の選挙にもネガティヴ・キャンペーンを導入した。州の裁判官の選挙に大量の選挙資金とネガティヴ・キャンペーンが流入してきたため、多くの新聞・雑誌は裁判官ポストが今や金で売買されていると書きたてた。ちなみに、ローヴが裁判官の選挙で自ら支援したアラバマ州とテキサス州では、州の最高裁判所裁判官は民主党員から共和党員に全員入れ替わった。

(3) 連邦司法省の政治化

トランプ大統領は就任早々、オバマ政権下で任命され在職している連邦検事 46 人に辞職勧告を出した。連邦検事も政治任用のポストであるため、政権交代時に連邦検事が全員入れ替わること自体に目新しさはない。

ところが政権発足時にブッシュ（子）大統領によって任命された連邦検事のうちの 8 人は、政権二期目に解任された。カール・ローヴは、特にスウィング・ステイトでは連邦や州の裁判官に共和党支持者を送り込むだけでなく、各州の連邦裁判所の裁判区ごとに配属されている連邦検事を、選挙での共和党への貢献度合いに応じて業績評価を行い、政治的貢献度の低い検事を解任したといわれている。解任を回避しようと思えば、共和党の連邦検事は選挙に出馬する民主党候補の選挙資金や種々の契約内容を多方面から徹底的に調査するだけでなく、選挙期間中に「取調中」とマスコミにリークして民主党候補の社会的信用を傷つけ、ときには起訴して実刑判決を勝ちとることもあったといわれている。選挙を控えていたウィスコンシン州とアラバマ州の 2 人の民主党知事も連邦検

事の捜査を受けてマスコミでも報道され、後者は 88 ヶ月の禁固刑となった。『ニューヨーク・タイムズ紙』は連邦検事の政治的理由による解雇にも触れながら、この判決に対しても「政敵を刑務所に送り込むことは、第三世界の独裁国家で起きる現象である。」と連邦司法省を批判している。[13]

　またブッシュ（子）政権は連邦検事が捜査すべき最優先事項の一つとして、不正投票者の摘発を挙げている。黒人とヒスパニックには民主党支持者が多いが、黒人には重罪犯の履歴をもつ人の率が高く、ヒスパニック等の移民にはアメリカ国籍を取得していない比率が高く、ともに参政権がない場合が多い。たとえばウィスコンシン州ミルウォーキー裁判区では 14 人が起訴され、5 人が有罪判決を受けている。保護観察中で選挙資格のない黒人が投票したケースでは、被告に 2 年の実刑判決が出され、黒人コミュニティに投票アレルギーを生み出した。この有権者対策の延長線上にあるのが、ブッシュ（子）政権の司法省が 2002 年から推奨しはじめた有権者 ID 法である。この法律は、共和党が州議会と州知事のポストを制している州の多くで、投票の際に有権者に写真付きの ID の提示を求める内容であり、黒人やヒスパニックを投票箱から遠ざけるのに「機能した」といわれている。すなわち、ローヴは激戦州では連邦検事を動員して「選挙運動」を行ったことになる。

　ローヴの努力が功を奏したのか、共和党は 2002 年の中間選挙では上院（51 議席）、下院（229 議席）、2004 年にはブッシュ（子）を再選させただけでなく、上院（55 議席）と下院（232 議席）で多数党となり、アイゼンハワー政権発足時（1952 年選挙）以来 50 年ぶりに政府三部門を制した。

おわりに

　ブッシュ（子）の次の大統領となったオバマは、カリスマ的な能力と党組織に依存しない選挙戦で当選した結果、ブッシュ（子）政権とは対照的に民主党議員の選挙にほとんど注意を払わず、民主党議員から苦情が出たほどであった。議員への選挙協力は最大の議会対策である以上、オバマ政権のこの種の「配慮不足」は議会対策を困難なものにした。オバマ大統領はスタンドプレーが多く、議会の承認を必要としない大統領令を多発したのも、そのためである。

トランプ大統領は、オバマ以上に個人的な能力で大統領の座を勝ちとった人物である。オバマ政権は民主党議員に対して「配慮不足」であったが、トランプは共和党主流派に対して「配慮不足」どころか、選挙戦で彼らをいく度となくあからさまに罵倒した。当然のことながら、トランプは大統領職に就くと、連邦議会両院で多数派を占める共和党議員（政権発足時は上院52議席、下院241議席）とぎくしゃくした関係になり、政府高官人事、オバマケアの撤廃、国境沿いの壁の建設など、いずれの法案も議会で承認をえられない事態に陥った。とはいえ、トランプは長年トップダウン型で不動産会社を経営してきた短気なワンマン社長であり、議会対策に奔走するタイプではない。また彼にはアトウォーターやカール・ローヴにみられた共和党への忠誠心が欠如しているために、連邦議会議員の選挙運動を積極的に支援するタイプでもない。

　これまでのどの政権とも違って、トランプ大統領は自らが実質的な選挙責任者となり、ツイッターを使って日常的に自分の言葉で支持者に直接語りかけているので、トランプの選挙対策は国民に直接訴えかける第一のタイプであることは明らかである。トランプ大統領はビジネス面での実績（日本や中国等との多額の商談成立、諸外国からの企業誘致の成功、株価の高騰等）を派手に誇示している点に、それが見てとれる。しかしトランプ大統領の選挙対策の特異な点は、性差別、人種差別、特定の宗教への差別的な発言を繰り返して社会に大きな亀裂を敢えて作りだし、一方でトランプ政権への抗議行動を故意にあおり、他方でトランプ支持者に対して「トランプはメディアや世論のごうごうたる非難に屈せず闘っている強いリーダーである」というイメージを植え付けることで、共和党支持者の間で地盤固めと支持拡大を図っている。ギャラップの世論調査によれば、政権発足以降2018年1月まで、共和党支持者の80％から90％が一貫してトランプ大統領を支持しており、しかもトランプ大統領は時々踏み絵を踏ませて敵味方を明確にするので、共和党の連邦議員の投票行動にかなり影響を及ぼすであろう。

［注］
1）　米連邦議会上下両院の二大政党の議席数の推移については、廣瀬淳子「アメリカ連

邦議会議員選挙制度」レファレンス 772 号（2015 年）23-41 頁、また 2016 年の各種の選挙結果については、JETRO「早分かり解説 2016 年米国大統領選挙結果」を参照。

2）　PR という分野を開拓したバーネイズについては、Tim Adams, "How Freud got under our skin," *The Guardian*, March 10, 2002, internet を、彼の著作としては、エドワード・バーネイズ著、中田安彦訳・解説『プロパガンダ教本』（成甲書房、2007 年）を、彼が参考にした社会心理学の研究書としては、ギュスターヴ・ル・ボン著、櫻井成夫訳『群衆心理』（講談社学術文庫、1993 年）を参照。

3）　マイケル・ディーヴァーの簡単な業績紹介としては、Adam Clymer, "Michael Deaver, 69, Dies; Shaped Reagan's Image," *The New York Times*, Aug.19, 2007.

4）　Charles Mohr, "A Young Pollster Plays Key Role for Carter," *The New York Times*, August 1, 1976.

5）　"Address to the Nation on Energy and National Goals: The Malaise Speech," July 15, 1979, The American Presidency Project, internet, パット・キャデルについては、Lois Romano, "The Rankling Puzzle of Pat Caddell," *The Washington Post*, Nov. 18, 1987 を参照。

6）　Albin Krebs, "Lawrence O'Brien, Democrat, Dies at 73," *The New York Times*, September 29, 1990.

7）　表紙のキャプション "White House & Congress; Power, Patronage and Persuasion" に関する本文の説明は、"The Administration: The Man on the Hill," *The Time*, September 1, 1961, pp.12-17 を参照。

8）　Kevin Phillips, *The Emerging Republican Majority* (Princeton University Press, 2015), Nelson W. Polsby , "An Emerging Republican Majority?" *Public Interest*, Fall 1969, pp.119-126.

9）　John Brady, *Bad Boy: The Life and Politics of Lee Atwater* (Addison Wesley, 1997). 彼の映像としては DVD, *Boogie Man: The Lee Atwater Story* を参照。

10）　アトウォーターの選挙区割りの文献としては Lee Atwater, "Altered States: Redistricting Law and Politics in the 1990's," *The Journal of Law & Politics*, Vol.6, No.4（Summer, 1990）、および黒人多数派選挙区の成立に関しては Maurice T. Cunningham, *Maximization, Whatever the Cost* (Praeger Publishers, 2001)、および拙稿「共和党の新南部戦略」『アメリカ政治とマイノリティ』（ミネルヴァ書房、2006 年）を参照。

11）　カール・ローヴの研究書としては、James Moore and Wayne Slater, *The Architect: Karl Rove and The Master Plan for Absolute Power* (Crown Publishers, 2006), Craig Unger, *Boss Rove; Inside Karl Rove's Secret Kingdom of Power* (Scribner, 2012).

12）　Paul Alexander, *Machiavelli's Shadow; The Rise and Fall of Karl Rove* (Modern Times, 2008).

13）　Editorial Opinion, "Selective Prosecution," *The New York Times*, August 6, 2007.

第**8**章

大統領権限の拡大と州政府の対抗

梅川葉菜

・・・

はじめに

　これまでの章では、大統領権限の拡大について論じてきた。合衆国憲法上、大統領は限られた権限しか与えられていない。そこで大統領は、さまざまな手段を用いて権限拡大に努めてきた。その際、三権分立制の抑制均衡の下で、大統領は議会や裁判所からの抵抗を受けてきた。ところが近年では、大統領は新たな主体からの挑戦を受けるようになっている。

　その主体とは、州司法長官である。州司法長官という役職の詳細は、日本ではもちろんのこと、アメリカでもあまり知られていない。しかしながら、州司法長官は、近年のアメリカ政治において、大統領権限を抑制するという重大な役割を担うようになっている。[1] なぜ州司法長官は台頭したのだろうか。また、州司法長官の台頭はアメリカ政治にとってどういった意味をもつのだろうか。[2]

1　大統領に立ち向かう州司法長官

⑴　トランプ大統領の入国禁止措置

　2017 年 1 月 27 日、ドナルド・トランプ大統領は、イスラム教徒が多数を占める 7 ヶ国の国籍をもつ人物と、全ての難民の入国の一時禁止措置等を命じた行政命令（executive order）13769 号に署名した。[3] 後に入国禁止令 1.0 と呼称され

104　第Ⅱ部　強大化する大統領権限

ることになるこの行政命令は、イスラム教徒が多数を占める国からの入国を禁じるものであったことなどから、全米のみならず国際社会からも非難を集めた。

　議会の分極化状況は、トランプ大統領を利することになった。1月30日、イスラム教徒を狙い撃ちするかのような突然の入国禁止措置によってアメリカ全土で混乱が広がる中、民主党のチャック・シューマー上院院内総務は、この行政命令を取り消すよう議会で訴えた。ところが、上院の多数を占める共和党議員たちによって反対され、議会は目立った措置を講ずることはできなかった。[4]

　脚光を浴びたのは、州司法長官たちであった。日付は前後するが、1月29日、15州とワシントンD.C. の民主党所属の州司法長官たちが、大統領に立ち向かうべく、以下のような声明を連名で発表した。

> 「われわれは、トランプ大統領による違憲で、反アメリカ的で、違法な行政命令を強く非難する。またわれわれは、連邦政府が憲法を遵守し、移民国家としてのわが国の歴史を尊重し、そして出生地や信仰を理由に違法に何人も標的としないよう、協力して取り組む。信仰の自由は、これまでも、そしてこれからも常に、われわれの国の基本的な原則であり、大統領であってもその真理を変えることはできない。[5]」

　上記の声明通り、民主党所属の州司法長官たちは訴訟に乗り出し、行政命令の執行の一時差し止めの判断を勝ち取った。[6]その後、トランプ大統領は新たな入国禁止措置を二度試みる（入国禁止令2.0、入国禁止令3.0）も、いずれも州司法長官たちに訴えられることになる。いずれにおいても、裁判所はまず、これらの措置に対して執行の一時停止の判断を下し、その後、限定的な運用を認めたのだった。

(2)　州司法長官による対抗の広がり

　州司法長官が大統領権限を抑制した事例は、入国禁止措置に限ったものではない。トランプ政権が発足してわずか9ヶ月の間に、環境保護関連法の義務の履行の延期、国境の壁建設、オバマケアに基づく低所得者向けの医療補助金の支出停止などにおいて、州司法長官たちが重要な役割を果たしていた。[7]

　さらにいえば、こうした現象は、トランプ政権で初めて生じたものではない。

第8章　大統領権限の拡大と州政府の対抗　105

ジョージ・W・ブッシュ政権期から、州司法長官たちが団結して訴訟を提起し、実際に、各政権の権限拡大の試みが阻止される現象が起きていた。[8]

2　アメリカの州司法長官

(1)　州司法長官の役割

　現代アメリカ政治において存在感を増しつつある州司法長官たちであるが、具体的にどのような役職なのかについては、日本でもアメリカでもあまり知られていない。[9] そこで、本章が「州政府」ではなく、敢えて「州司法長官」に着目する理由を明らかにしたい。[10]

　アメリカの各州の政府は、執行府、立法府、司法府で構成される。注意しなければならないのは、州司法長官（State Attorney General）が司法府ではなく執行府に所属している点である。

　州司法長官の最も代表的な役割は、州の執行府や行政機関、州議会に法的助言を行い、また彼らを法的に代表することである。それから、法執行機関の長としての役割も重要であり、しばしば、法執行機関が重点的に取り締まる領域（銃、薬物、人権、環境、労働問題など）を決定することがある。ほかにも、州民のさまざまな利益を法的に代表する役割も担っており、州民の代表者として消費者保護、反トラスト、環境保護、人権などのさまざまな領域で訴訟を提起することがある。

(2)　政治家としての州司法長官

　このように、一見すると州司法長官は、政治とは無縁の法律専門職であり、また、州知事に従属している立場のように思える。しかしながら、州司法長官は、極めて政治的な色を帯びた、しかも州知事から独立した地位を有した役職である。

　州知事が州民の直接選挙によって選出されているのは、よく知られている。興味深いことに、州知事だけでなく、副知事、州務長官（Secretary of State）、州財務長官（Treasurer）、州司法長官といった執行府を構成する主要な役職もまた、州民による直接選挙で選出される。現在、全米50州のうち43もの州で、州

司法長官が州民の直接選挙によって選出されている。州民の直接選挙によらない残りの7州では、州知事、州最高裁、州議会のいずれかが州司法長官の任命権を有している。州司法長官の任期はほとんどの州で4年となっている。ちなみに、2017年11月時点で、民主党所属の州司法長官が20名、共和党所属が27名、その他が3名である。

　州司法長官選挙の候補者たちは、州知事選挙や州議会議員選挙の候補者たちと同じく、選挙のための献金を集め、選挙活動を行い、州の有権者たちからの支持を集めなければならない。そのため、州司法長官の多くは、州知事から独立した存在とされている。すでに述べた州司法長官の役割は、州司法長官自身の判断に基づいてなされる。すなわち、州の諸機関への法的助言や法的代表の役割も、法執行機関の長としての役割も、州民の利益を法的に代表する役割も、州知事から独立して果たすことができる。

　実際、州司法長官は、州知事と政策選好が異なっていても、自身の選好に従って訴訟に乗り出す。たとえばモンタナ州は、オバマ政権期、州知事が民主党、州司法長官が共和党（ただし2013年1月までは民主党）であったが、オバマ政権が実施を試みた不法移民に寛容な移民制度改革、環境保護規制の強化、LGBTに寛容な政策のいずれに対しても、州司法長官の指揮の下、オバマ政権の試みを阻止すべく、訴訟を展開していた。

　また、州司法長官が直接選挙によって選出されることは、州司法長官に独立した地位を与えるだけでなく、強い政治性を与えることにもなっている。実際、州司法長官は大抵、政治的野心を有し、有権者にアピールすべく積極的に訴訟を展開する。彼らは、テレビや新聞などのメディアにも顔を出し、インタビューを受け、訴訟によって大統領の政策実現を阻止することがいかに大切かを訴える。訴訟に勝利すると、その成果を積極的に宣伝し、成果を誇る。たとえば、オバマ政権期にはテキサス州司法長官ケン・パクストン（Ken Paxton）が、トランプ政権期にはワシントン州司法長官ボブ・ファーガソン（Bob Ferguson）やハワイ州司法長官ダグラス・チン（Douglas Chin）などが、州内にとどまらず全米でも名を挙げ、脚光を浴びた。

　さらに興味深いのは、州司法長官の役職が、政治家としての重要なキャリアパスとしても位置づけられている点である。州司法長官たちの多くは、州知事

もしくは連邦上院議員へとキャリアアップを目指す。大抵、州司法長官は、それらの選挙が近づくと、潜在的な有力候補者として扱われ、出馬の有無がメディアに取り上げられる。直近の例では、カリフォルニア州司法長官であったカマラ・ハリス（Kamala Harris）が連邦上院議員に当選している。また、空席となった州司法長官職を埋めたのが、1993年から同州選出の連邦下院議員を務めていたベテランのハビアー・ベセラ（Xavier Becerra）であったことは、州司法長官の政治家としての地位の高さを示している。2017年11月現在、前職が州司法長官である州知事は7名、連邦の上院議員は8名もおり、現在の上院の院内幹事を務めるジョン・コーニン（John Cornyn）もその1人である。州司法長官出身の成功した政治家としては、ビル・クリントン大統領が好例であろう。彼がアーカンソー州知事を経て大統領になったことはよく知られているが、州知事の前職が同州の州司法長官であったことは、あまり知られていない。

　州司法長官はきわめて政治的な役職であり、州政府内で独立した地位を有し、州知事であっても統制できず、政治的野心をもって訴訟を展開しているのである。本章で、「州政府」ではなく「州司法長官」に着目する所以である。

3　州司法長官の台頭を理解するための枠組み

⑴　三権分立制

　大統領に立ち向かう州司法長官の台頭という現象は、実は、一般的なアメリカ政治理解に基づいた文脈に位置づけることが難しい。そのことを明らかにするために、三権分立制と連邦制について整理する。

　まず、この現象は三権分立制の抑制均衡の文脈にこそ最も妥当に位置づけられるように思える。アメリカの三権分立制とは、連邦政府の権限を三つに分け、大統領、議会、裁判所に委ねてそれぞれ相互に監視させる仕組みのことである。この仕組みの下では、三者のいずれかが権力拡大を目指そうとしても、その他の二者が抑制することで均衡状態を維持することが期待されている。

　そのため、近年の州司法長官たちの台頭もまた、三権分立制の枠内で抑制均衡が機能しているものと捉えることが妥当なように思える。大統領権限の拡大を実際に阻止しているのは、権限のうえでは州政府や州司法長官ではなく、裁

判所だからである。上述のように、裁判所は三権分立制の抑制均衡を保つことを期待されている三者のうちの一つである。

しかしながら、三権分立制の文脈のみに限定してしまうことは適切ではない。州司法長官は州政府を法的に代表して訴訟を提起している。その州政府は州民から権力を委ねられた政府である。そして、訴訟を提起されている大統領は、アメリカ国民から権力を委ねられた連邦政府の一部である。そのため、近年の州司法長官の台頭は、三権分立制だけでなく、連邦政府と州政府という、連邦制との関わりをも考慮することで、より適切に理解できるだろう。[11]

(2) 連邦制

本章の扱う近年の州司法長官の台頭は、三権分立制とは無関係に、単に連邦制の文脈で十分に論じることができる、と思われるかもしれない。次に、この点について考えてみたい。

アメリカは分権的な連邦制を採用した国家だといわれる。アメリカの連邦制は、人民から委ねられた権限を連邦政府と州政府に分割し、そのうち連邦政府の権限を明示的に限定する一方で、残りのすべての権限を州政府に委ねている。建国当初からしばらくの間、連邦政府は現代よりも非常に限定的な権限しか有していなかったが、その後の社会的、経済的発展に伴い、個別の州政府だけでは対処できない諸問題に対処する存在として期待が集まるようになった。特に19世紀後半から20世紀前半までの憲法修正や裁判所の憲法解釈の結果、連邦政府の権限は拡大し、関与する政策領域も拡大していった。また、20世紀半ばからは、連邦政府は補助金を州政府に与える代わりに、特定の政策や義務を課すことで、更に連邦政府の権限を広げていった。

よく知られているように、現在に至るまで、連邦政府が権限を拡大させようと試みたり、州政府の権限に介入しようと試みた際、特に保守的な地域の州政府が「州権」を掲げて強く反発した。近年でも、同性婚、銃規制、死刑制度などで連邦政府と州政府との間での対立がしばしばみられる。そのため、一見すると州司法長官らによる大統領に対する訴訟も同様に、連邦政府の権限拡大などに対する州政府の抵抗、というアメリカ政治にしばしばみられる文脈に位置づけることができるように思える。

第 8 章　大統領権限の拡大と州政府の対抗　109

　しかしながら、本章で扱うような、州政府を法的に代表する州司法長官らが
協力して大統領権限の拡大を妨げる訴訟に乗り出すという現象は、連邦政府と
州政府との間の権限争いと同じ文脈には位置づけられない。本章で扱う現象に
おいて、州司法長官らは、大統領の行為が州の権限を脅かしているか否かにつ
いて関心を示していないからである。たとえば、オバマ大統領の移民制度改革
に反発して訴訟戦略に乗り出し、大統領権限の拡大を阻止した共和党所属のテ
キサス州司法長官パクストンは、次のように勝利宣言を高らかに述べていた。

　　　「今日の決定は私たちが当初から主張してきたものであった。すなわち、大統
　　　領であろうとも、単独で法を変更することはできない、ということである。こ
　　　の司法判断はオバマ大統領による執行権拡大の試みを阻むものであり、権力分
　　　立と法の支配を信ずる者たちの勝利である。[12]」

　パクストンの宣言からも、前述のトランプ大統領に対する民主党系の州司法
長官らの連名の声明からも、州の権限への介入に対する反発の様子はみて取れ
ない。それよりもむしろ、大統領権限が「行き過ぎ」であるとし、それを非難
していることがよくわかる。連邦政府の「外側」への権力拡大や州政府の権限
への介入ではなく、連邦政府の「内側」の抑制均衡にこそ、彼らの関心がある。
　したがって、州司法長官の台頭は、裁判所を通じて、連邦制によって分かた
れた州政府が連邦政府内の抑制均衡に積極的に関与するようになったという、
連邦制と三権分立制の双方の交わる現象として捉えたほうが適切であろう。

(3)　抑制均衡の装置としての連邦制と三権分立制

　以上から、州司法長官の台頭を理解するには、連邦制と三権分立制を共に抑
制均衡のための装置だと位置づけ、双方ともに考慮する必要があることがわか
った。連邦政治を考える上で連邦制と三権分立制の双方を考慮することは、従
来のアメリカ政治に対する見方にはあまりないものの、決して突飛なものでは
ない。合衆国憲法の起草者の 1 人であるジェイムズ・マディソンは、人民から
委譲された権力が濫用されないための抑制均衡の装置として、連邦制と三権分
立制の双方を導入していたからである。[13]

4 州司法長官の台頭とイデオロギー的分極化

(1) 党派対立に基づいた訴訟

大統領権限を抑制する主体としての州司法長官の台頭は、現代アメリカ政治を特徴づけるイデオロギー的な分極化と非常に密接な関係がある。実際、ブッシュ政権以降にみられる州司法長官たちの訴訟戦略には、党派性が鮮明に表れている。共和党のブッシュ大統領やトランプ大統領に対しては民主党所属の州司法長官たちが中心となり、反対に民主党のオバマ大統領に対しては共和党所属の州司法長官たちが中心となり、大統領の既存法の変更を伴うような政策実現を阻止している。こうした極めて党派的な州司法長官たちの活動は、21世紀に入ってからみられるようになった。

20世紀を通して、基本的に、超党派的に州司法長官たちが協力して訴訟を提起して、望ましい成果を勝ち取っていた。その歴史は20世紀初頭の反トラスト問題を巡る訴訟にまで遡ることができる。1907年に創設され、現在まで全米の州司法長官たちを結び付ける重要な役割を果たしている超党派的な組織である全米司法長官協会（National Association of Attorneys General）は、まさにこの問題に対処すべく結成された。近年で最も有名な超党派的な州司法長官たちの成果は、たばこ産業との合意であろう。1990年代、たばこ産業の健康被害が問題となったとき、党派を問わず40以上もの州司法長官たちが、たばこ産業が健康被害をもたらしていて、それが州の公的医療制度に大きな損害を与えているとして裁判に訴えた。1998年、46州の司法長官たちが、米国のたばこ会社の最大手四社との和解に達した。

このような2000年前後の超党派的な訴訟から党派的な訴訟への傾向の変化の背景に、分極化の進展が重要な役割を果たしていたのは間違いないだろう。多くが有権者から直接選出される州司法長官たちにとって、分極化の進展という現代アメリカ政治の潮流とは無関係ではいられない。対立政党の大統領に厳しく迫る姿勢が、政治家としての州司法長官たちにとって魅力的な手段に映ったことは容易に想像できる。

さらにそうした状況を加速させたのが、党派的な組織の結成である。1999年には共和党司法長官協会（Republican Attorneys General Association）が、2002年

には民主党司法長官協会（Democratic Attorneys General Association）が創設された。これらの組織の目的は、共和党もしくは民主党所属の候補者の選挙での当選、ノウハウや情報の交換、訴訟での協力であった。実際、ブッシュ政権期以降の党派的な訴訟において、いずれの組織も重要な役割を果たしていた。

　もちろん、分極化が連邦政治に与えた影響も重要な要因である。分極化による鋭い党派対立という状況下では、議会は容易に新立法を通過させることができず、政治的解決が不可欠な問題に対して十分に対応することができない。そうした状況に苛立つ大統領は、しばしば、大統領権限の拡大とも思われるような権限行使によって状況を打破しようと試みた。たとえば、第3節(2)で触れたオバマ大統領の移民制度改革は、大統領が以下のように高らかに宣言して開始していた。

　　　「移民政策はすでに破綻しており、その事実は誰もが知っている…（中略）…そこで私は議会と協力し、超党派的な法案の通過に注力してきた…（中略）…ところが、共和党指導部がそれを拒絶した…（中略）…そこで、いずれ超党派的な協力に基づく立法が成功するまでの間、大統領としての法的権限を行使して移民改革を実施する。[14]」

　それに対して、議会共和党は反撃に打って出たが、民主党議員からの反対にあって失敗に終わった。[15]根強い党派対立が大統領権限の拡大を生むだけでなく、それの抑止をも困難にしていた。そして議会の代わりに大統領権限の拡大を抑止する役割を果たしのが、まさに州司法長官たちであった。その結果は、すでに引用したテキサス州司法長官パクストンの勝利宣言によく示されている。

(2) 所属政党を同じくする大統領に対する訴訟

　州司法長官の台頭には分極化が重要な役割を果たした反面で、必ずしも全ての州司法長官が党派性に由来する政党間の対立に基づいて行動しているわけではない。すなわち、所属政党を同じくする大統領に対しても、州司法長官らは訴訟を展開することがある。

　たとえば、2017年9月5日、トランプ政権は若年層向け強制送還延期プログラム（Deferred Action for Childhood Arrivals; DACA）の廃止を宣言した。DACA

とは、2012年にオバマ大統領が独自に実施を宣言した政策である。国外への強制送還対象者のうち、幼少期にアメリカにやってきた若年層に対して、強制送還に一定の猶予を与えると同時に、就労の権利も与えるというものであった。

実は、このようなトランプ大統領の判断の背景には、共和党所属の州司法長官たちの圧力があった。当初、トランプ政権はDACAについての態度を決めあぐねており、同年6月16日には、DACAをひとまずは継続する旨を表明していた。[16] これに反発した10州の共和党所属の州司法長官たちは、すぐさま書簡をトランプ政権に送り付け、同年9月5日までにDACAを廃止する手続きを開始するよう政権に求めた。[17] さらにその書簡では、もしその要求に従わない場合、DACAは合衆国憲法が大統領に授権した権限の範囲を踏み越えているものであるとして、訴訟も辞さないとする内容も記されていた。

以上の事例からは、州司法長官たちが、所属政党を同じくする政権に対しても、大統領権限を抑制するアクターとしての役割を果たしうることがわかる。したがって、州司法長官の台頭には分極化が重要な役割を果たしていることは間違いないが、だからといって州司法長官らが党派対立に基づいて対立政党の大統領のみを標的として、政策実現を阻止すべく行動しているわけではない点にも注意を払う必要がある。

おわりに

本章では、大統領権限の拡大を抑制する主体として州司法長官が台頭しつつあることを紹介し、それが従来のアメリカ政治理解から逸脱したものであることを示した。一般に日本でもアメリカでも、大統領や議会が連邦政治を担っていると理解されているが、本章は、州政府を法的に代表している州司法長官という主体が、連邦政府の政策方針や統治権力に対して重要な役割を果たしていることを明らかにした。

本章の知見は、現在まではもちろんのこと、今後のアメリカ政治を理解する一助にもなると考えられる。ほとんどの州で、州司法長官は州民から直接選挙によって選ばれ、州知事から独立した権限を有している。彼らは州知事や連邦議会上院議員などへのキャリアアップを目指し、政治的野心をもって成果を挙

第 8 章　大統領権限の拡大と州政府の対抗　113

げようと努めている。そのため、分極化傾向が持続している連邦政治において、州司法長官は今後も重要な存在であり続ける。

[注]

1)　反対に、大統領と州司法長官たちが協力する事例もしばしばみられる。たとえば、大統領が訴訟を提起された際に、当事者以外の第三者として州司法長官たちが連名で裁判所に意見書（amicus brief）を提出し、大統領の立場を支持することがある。アメリカの裁判においては、しばしばこの意見書が判決に重要な影響を与えることがあり、近年の州司法長官たちの重要な役割の一つとなっている。

2)　なお、州司法長官の台頭には、連邦政府へ訴訟を提起する州政府の原告適格（standing to sue）の条件が緩和されるような裁判所の判断があったことも見逃せない（*Massachusetts v. Environmental Protection Agency*, 549 U.S. 497（2007).）。ただし、ここでは法的な議論はせずに、論文を紹介するにとどめる。Tara Grove, 2016, "When Can a State Sue the United States?" *Cornell Law Review*, Vol. 101, No.4, pp. 851-99.

3)　Donald J. Trump "Executive Order 13769 of January 27, 2017: Protecting the Nation from Foreign Terrorist Entry into the United States," *Federal Register*, Vol. 82, No. 20, February 1, 2017, pp. 8977-82.

4)　Ted Barrett and Zachary Cohen, "GOP Blocks Schumer Moves to Rescind Trump Travel Ban," January 30, 2017, *CNN Politics*（http://edition.cnn.com/2017/01/30/politics/tillerson-vote-delay-immigration-order/index.html）.

5)　New York Attorney General, "A.G. Schneiderman and 15 Other State A.G.'s Condemn President Trump's Un-American Executive Order, Vow Action," January 29, 2017（https://ag.ny.gov/press-release/ag-schneiderman-and-15-other-state-ags-condemn-president-trumps-un-american-executive）.

6)　Per Curiam Order, *Washington v. Trump*, No. 17-35105（9th Cir. Feb. 9, 2017）（https://cdn.ca9.uscourts.gov/datastore/opinions/2017/02/09/17-35105.pdf）.

7)　ほかにも、オバマ政権が実施した、悪質な営利目的の大学から多額の学生ローンを負わされた学生を救済する措置を、トランプ政権が延期した件でも州司法長官たちが訴訟を提起している。

8)　ただし、必ずしも州司法長官のみが重要な訳ではなく、しばしば州知事も重要な役割を果たす。たとえば、オバマ政権による移民に寛容な移民制度改革に対する訴訟では、訴訟を提起した 26 州のうち、メイン、ミシシッピ、ノースカロライナの 3 州は、民主党所属の州司法長官ではなく、共和党所属の州知事が訴訟に参加していた。しかしながら、紙幅の都合上、本章では論じないことにする。

9)　アメリカにおいても州司法長官についての研究は乏しく、例外的に優れた研究としては以下参考。Paul Nolette, *Federalism on Trial: State Attorneys General and National Policymaking in Contemporary America*（University Press of Kansas, 2015）.

10) ただし、以下では、現代の州司法長官の一般的な位置づけを示すことに限定する。周知のとおり、アメリカでは、各州の州憲法や州法が、その州の州司法長官の権限、任期、選出方法などを定めている。そのため正確を期すならば、州司法長官について整理するには、50州全ての州司法長官について言及する必要がある。さらにいえば、建国以来、各州の州司法長官の位置づけは常に一定であったわけではなく、少しずつ変化してきているので、歴史的な変化についても触れる必要がある。しかしながら、以下では紙幅の都合上、現代の州司法長官の位置づけの一般的な傾向について整理するにとどめる。

11) 連邦制と三権分立制の双方を考慮した視点から、大統領権限の拡大と連邦制の新たな役割を指摘した研究として、梅川葉菜『アメリカ大統領と政策革新——連邦制と三権分立制の間で』(東京大学出版会、2018年)が挙げられる。同書は、大統領が州知事たちと協力することで、議会の立法によらずに事実上、既存法を覆す政策実現を成し遂げてきたことを明らかにしている。

12) Adam Liptak and Michael D. Shear, "Supreme Court Tie Blocks Obama Immigration Plan," *New York Times*, June 23, 2016.

13) アレクサンダー・ハミルトン＝ジョン・ジェイ＝ジェームズ・マディソン著、斎藤眞＝中野勝郎編訳『ザ・フェデラリスト』(岩波書店、1999年) 241頁。

14) Barack Obama, "Remarks by the President in Address to the Nation on Immigration," November 20, 2014 (https://www.whitehouse.gov/the-press-office/2014/11/20/remarks-president-address-nation-immigration).

15) Susan Cornwell, "Senate Democrats again Block Bill Derailing Obama on Immigration," *Reuters*, February 4, 2015 (http://www.reuters.com/article/us-usa-congress-immigration-idUSKBN0L81Q320150204).

16) Department of Homeland Security, "Frequently Asked Questions: Rescission of Memorandum Providing for Deferred Action for Parents of Americans and Lawful Permanent Residents ("DAPA")," June 15, 2017 (https://www.dhs.gov/news/2017/06/15/frequently-asked-questions-rescission-memorandum-providing-deferred-action-parents); Department of Homeland Security, "Rescission of Memorandum Providing for Deferred Action for Parents of Americans and Lawful Permanent Residents ("DAPA")," June 15, 2017 (https://www.dhs.gov/news/2017/06/15/rescission-memorandum-providing-deferred-action-parents-americans-and-lawful); Michael D. Shear and Vivian Yee, "Dreamers' to Stay in U.S. for Now, But Long-Term Fate is Unclear," *New York Times*, June 16, 2017, (https://www.nytimes.com/2017/06/16/us/politics/trump-will-allow-dreamers-to-stay-in-us-reversing-campaign-promise.html?_r=0).

17) Ken Paxton, "Re: Texas, et al. v. United States, et al., No. 1:14-cv-00254 (S.D. Tex.)," June 29, 2017, Letter (https://www.texasattorneygeneral.gov/files/epress/DACA_letter_6_29_2017.pdf?cachebuster:5).

第Ⅲ部

大統領権限はいかに行使されたか

第**9**章

パリ協定からの離脱

杉野綾子

はじめに

　2017 年 6 月 1 日、トランプ大統領は、中長期の気候変動対策に向けた国際的な合意であるパリ協定から離脱し、同協定の実施に向けたすべての措置を停止することを宣言した[1]。同時に、世界的な気候変動問題への取組みについて再交渉を行い、米国の産業・労働者・納税者にとって公正な合意に到達した場合には、修正されたパリ協定ないし類似の枠組み合意に復帰する方針を明らかにした。さらに 8 月 4 日には国務省が、国連に対し、同協定の離脱規定の条件が満たされ次第、速やかにパリ協定離脱の手続きを開始することを伝達した[2]。ただしトランプ大統領が述べたとおり、気候変動対策の枠組みが米国にとって公正な条件に近づいていくかどうかを見守るため、今後も国際交渉の場には参加する方針を明らかにした。実際、2017 年 11 月にドイツ・ボンで実施されたCOP23（気候変動枠組み条約締結国会合）に、米国は国務省の職業公務員を中心とした代表団を派遣した。

　パリ協定離脱は、2016 年の大統領選挙戦を通じてエネルギー政策の重要公約と位置づけられ、TPP（環太平洋パートナーシップ）離脱や NAFTA（北米自由貿易協定）再交渉等の公約と並んで、国際協調主義から孤立主義への転換を如実に表す公約として、内外の懸念を呼んできた。本章では、条約締結を巡る大統領と議会の間の権限配分の観点からこのパリ協定離脱について述べるが、

118　第Ⅲ部　大統領権限はいかに行使されたか

それに先立ち、パリ協定の内容と、トランプ政権が同協定に反対する要因について、簡単に述べておく必要があるだろう。

1　パリ協定とは何か

　2016 年 9 月 3 日、オバマ大統領は、中国の習近平国家主席とともに、中長期の気候変動対策に向けたパリ協定の批准を宣言した。2015 年 12 月に開催された、国連気候変動枠組み条約（UNFCCC）の第 21 回締約国会議（COP21）の成果であるパリ協定は、産業革命以降の気温上昇を 2℃以内に抑制することを目指して、①各国がそれぞれ中長期の温室効果ガス排出削減目標を表明する、② 5 年毎に表明された削減措置の実施状況を検証し報告する、③途上国の排出削減および気候変動への適応を支援するため、先進国が資金を拠出する、等が中心的な内容となっている[3]。

　削減目標として、米国は、2025 年時点で 2005 年比 26 〜 28％の削減を表明した[4]。この削減目標の達成に向けた施策として、オバマ大統領は 2013 年 6 月に気候変動計画（Climate Action Plan）を公表しており、そこには、1975 年エネルギー政策・節約法、1978 年国家省エネルギー政策法や、1990 年大気浄化法等の既存の法律に基づき、自動車燃費基準やエネルギー消費機器の効率基準の強化、および発電所や大規模産業設備に対する排出基準の導入などが盛り込まれた。これらの施策はすべて、議会での新規の立法を必要とせず、既存の法律に基づく行政措置のみで実施が可能とされるものであった[5]。

　実は、オバマ大統領は、2009 年 12 月に開催された COP15 において、米国内の排出削減策を規定する国内法の成立を条件として 2020 年時点で 2005 年比 17％削減、という目標を表明した。同時に中国、インド、ブラジル、南アフリカ等の新興国も、先進国による取組みを条件として排出削減目標を表明しており、歴史上初めて新興国・途上国を含む国際的な気候変動対策の枠組みが成立することが期待されていた。しかし米連邦議会は気候変動法案を可決することができず、国際交渉の機運が低下した経緯があった。

　従来、気候変動問題への取組みは、温室効果ガス排出規制に積極的な民主党と規制に消極的な共和党、と傾向が分かれていた。背景には、民主党の支持基

盤に環境団体、知識層等のリベラル派を含むのに対し、共和党は産業界、特に製造業や中小事業者と、政府規制を嫌う保守派を支持基盤としてきたことがある。2010年の中間選挙で民主党は上院の多数議席を失い、2014年選挙では上下両院で共和党が多数議席を握る状況下で、温室効果ガス排出削減に向けた国内対策が議会で可決されるという期待は抱き難かったことが、行政措置に依存した気候変動計画の背景にあった。

パリ協定は、COP21開催に先立ち中国が2015年6月、インドが10月にそれぞれ削減目標を表明するなど、途上国を含むすべての主要排出国の参加が得られた。2016年4月には196ヶ国の代表によりパリ協定の調印が行われ、先進国と途上国を含むという意味で歴史的合意と評価されている。同協定の発効には、55ヶ国以上による批准、および批准国の排出量合計が世界の総排出量の55%を超えることが要件とされており、10月のEUによる批准を経て、大統領選挙直前の11月4日には同協定が発効した。

パリ協定における排出削減目標は、仮に達成されなかった場合でも、罰則の規定がない。すなわち、パリ協定で各国がコミットした排出削減目標は、法的拘束力をもたないものと理解されている。他方で「5年毎の検証と報告」の実施義務は拘束力をもち、かつ「必要に応じて目標の修正も認められるが、修正前の削減目標を実質的に下回らないこと」と規定される。さらに、協定締結国がパリ協定から離脱する場合には、発効日から3年を経過して初めてUNFCCCに離脱を申請でき、その後1年を経て離脱が認められる仕組みとなっている。この、法的拘束力をもたない26〜28%の排出削減コミットメントと、その達成に向けた国内の諸施策、および途上国への資金拠出枠組であるGreen Climate Fundへの米国の拠出を停止するというのが、冒頭に述べたトランプ大統領の宣言の内容であった。

2 2016年選挙でのパリ協定を巡る対立

前述のとおり、トランプ大統領は2016年の選挙戦を通じてパリ協定離脱と関連する環境規制の廃止を公約に掲げたが、オバマ政権の環境規制、ないし気候変動対策については、すでに2011年以降、議会共和党およびエネルギー業

界からの反対が起きていた。なかでも最も対立が先鋭化したのが、米国内の温室効果ガス排出量の3割強を占める発電部門からの排出削減対策であった。具体的には、環境保護庁（EPA）が1990年大気浄化法に基づき、新設および既存の発電所に対するCO_2排出基準案を策定し、パブリックコメントを経て2015年8月に公布した。この基準に対し、上下院で主に共和党議員により、たびたび、大気浄化法に基づくEPAの規制権限を制限する法案や、議会審査法（Congressional Review Act）に基づき議会拒否権を行使しようとする提案がなされた。2015年11月には上院本会議および下院エネルギー・商業委員会で、同基準の実施を禁じる決議が可決された。

　発電所のCO_2排出基準に対しては、産業界や、産炭州を中心とする州政府等による訴訟も起きており、トランプ政権でEPA長官に就任したスコット・プルイット（Scott Pruitt）氏は、オクラホマ州司法長官として発電所CO_2排出基準に対する訴訟の原告リストに名を連ねていた。

　このような共和党と、共和党の支持基盤である産業界、および2016年選挙でトランプ陣営が勝利した石炭や鉄鋼産業を擁する州の気候変動対策反対の姿勢を反映して、2016年選挙に向けた共和党の綱領は、パリ協定離脱までは踏み込まないものの、エネルギー・環境政策の項で、『パリ協定は、議会上院の批准手続きを踏むべき、条約に准じる性格の国際合意である』としていた。[6]また「気候変動対策は、信頼できるデータの慎重な分析に依拠すべきであり、UNFCCCにおける国際交渉の前提とされている『気候変動に関する政府間パネル』（IPCC）提言を慎重に精査」することを掲げた。さらに、「UNFCCCと下部機関への資金拠出を停止」することを提言した。またオバマ政権が実施した国内の温室効果ガス排出規制政策については、「大気浄化法に基づくEPAのCO_2規制を廃止すること、環境規制の権限を州へ移管し、EPAは超党派の独立委員会へ改組すること」が盛り込まれた。

　共和党綱領が、「パリ協定締結には、議会上院の批准手続きを踏むべき」と述べた背景には、オバマ政権が、2015年12月に国務省の交渉官を窓口としてパリ協定について交渉・合意をし、その是非について議会に諮ることなく、UNFCCCに対し批准の意思を伝達したという経緯があった。排出削減目標は、法的拘束力をもたないことを根拠として、オバマ政権は、パリ協定は『条約』

には該当せず、合衆国憲法に規定された上院の3分の2以上の同意という批准手続きは不要、との法解釈を採ったものである。

これに対し、共和党は、26〜28%という目標値には法的拘束力がないとしても、「5年毎の検証と報告」の実施義務は拘束力をもち、かつ「必要に応じて目標の修正も認められるが、修正前の削減目標を実質的に下回らないこと」と規定されるなど米国の産業・消費者が影響を受けるため、パリ協定は条約に該当し、したがって上院の批准が必要、と反論した。[7]

1997年に、やはり中長期の温室効果ガス削減に向けた枠組みとしてクリントン政権下で合意された京都議定書が、同政権により、上院の批准を擁する条約に准じるものとして位置づけられたことも、この共和党の主張を補強している。京都議定書の場合、先進国だけが削減義務を負い、中国やインド等、温室効果ガス排出量の増大が確実な途上国が削減義務を負わない合意内容が予想されたことから、事前に上院が、議定書を批准しない旨のバード＝ヘーゲル決議を満場一致で可決していた。これを受けてクリントン大統領は、上院に批准を求めることはせず、2001年に就任したW・ブッシュ大統領が、正式に離脱を表明したのであった。パリ協定を巡る共和党の主張は、京都議定書と異なり削減目標自体に法的拘束力がないとはいえ、米国内産業・消費者に負担を生じることが確実な点では同じだ、というものである。

議会の承認を経ないパリ協定締結を是とした民主党の2016年綱領では、対照的に、「気候変動は環境問題、あるいは経済問題にとどまらず、国家安全保障上の重大かつ深刻な脅威である」と位置づけていた。[8] そして、パリ協定の削減目標の達成に向け取り組むことに加えて、2050年には国内の温室効果ガス排出を2005年比80%削減と一層野心的な目標を掲げ、そのための手段として、オバマ政権による発電所CO_2規制、自動車燃費基準の強化、建築基準や機器効率基準の強化を通じた省エネ政策を踏襲するとともに、クリーンエネルギーに関する研究開発を強化し完全なクリーンエネルギー社会を目指すことが謳われた。

さて、このように民主‐共和党の間で、パリ協定締結に際し議会による批准手続きが必要か否か、をめぐって対立が生じていることから、以下では、合衆国憲法に規定された条約締結の権限について述べたうえで、議会の批准を経ず

122 第Ⅲ部 大統領権限はいかに行使されたか

に発効しうる国際協定について整理し、続いて、パリ協定批准を巡る論点について述べる。

3 大統領の協定締結権限と議会

合衆国憲法は「大統領は、上院の助言と承認を得て、条約を締結する権限を有する」、ただし「上院の出席議員の3分の2の賛成を要する」と定めており、米国が外国政府と交わす取決めについては、これが唯一の規定である[9]。しかし今日では、正規の批准手続きを伴わない「行政協定」（Executive agreement）という形態の国際的取決めが頻繁に結ばれている。議会調査局の整理によれば、行政協定には、大統領の専権で結ぶことのできる Sole-executive agreement（単独行政協定）と、議会が批准した過去の条約の延長上にあると合理的に推定でき上院の批准を必要としない Treaty-executive agreement（既存条約に関する行政協定）、そして上下院の過半数で承認される Congressional-executive agreement（議会行政協定）の、三つの類型がある[10]。このうち Treaty-executive agreement については、パリ協定が新たに米国の温室効果ガス排出削減に向けた量的目標をコミットする内容であり、過去に議会が類似の条約を批准した実績はないことから、同協定がこれに該当しないことは明白であり、ここでは詳述しない。

Sole-executive agreement は、外交接受のように大統領が憲法上明確な権限を有する分野であれば、議会の意向を諮るまでもなく法的効力が認められる。しかし、大統領の権限が不明確で、当該行政協定の是非が問題になった場合には、裁判所は議会の意向を諮る必要がある。議会が過去に類似の法案ないし決議を可決していたり、大統領による類似の協定締結を黙認してきた実績がある場合、あるいは前例がないものの議会が特段の態度表明を行わない場合には、議会による消極的承認と判断され、当該協定は法的効力を認められる、とされている[11]。

行政協定が定着した歴史的経緯を詳説した Ackerman（1995）によれば、大統領の専権による協定の最初の事例は1898年のマッキンレー大統領による米西戦争停戦合意であり、憲法に基づき大統領が有する軍の最高司令官としての指揮権と、正式な講和条約の締結に先立つ停戦合意という暫定的位置づけであったこと、そして戦況が有利なうちに迅速に停戦にもち込む必要性が、大統領

による権限行使の正当性の根拠とされた。[12]また、1933 年に銀と小麦の価格安定のために結ばれた銀協定および小麦協定は、ローズベルト政権が専権で締結したが、国内におけるニューディール政策と同様に経済政策について行政府が有する専門的能力と、問題の緊急性とが、正当性の根拠とされた。

　さて、前述の大統領の協定締結権限および議会意思の確認に関連して参照される判例が Dames & Moore v. Reagan, 453 U.S. 654（1981）である。1979 年のイラン大使館占拠事件に対応して米国政府が行った在米イラン資産凍結の解除を認めたアルジェ合意について、連邦最高裁は、大統領は議会承認を得ずに協定を締結する権限を有しており、かつ議会も類似した内容の法案を審議していることから、アルジェ合意締結により大統領は議会意思を無視したとはいえない、と指摘した。[13]Dames & Moore 判決において、大統領権限の有無を判断するうえで参照されたのが、大統領が議会の意思にそって行動する場合、議会の意思に反して行動する場合と、議会の意思が不明確な場合に分けて議論を組み立てた Youngstown Sheet & Tube Co. v. Sawyer 判決（343 U.S. 579, 1952）である。[14]その後、国際司法裁判所の裁定の米国内における法的拘束力の有無が問題になった Medellin v. Texas 判決（552 U.S. 491, 531–532, 2008）において最高裁は、議会が意思表明を行わないこと、すなわち黙認をもって、大統領の行動を支持したと推定されるのはきわめて限定された状況下でのことであり、大統領の行動が「長期にわたる慣行」として議会により黙認されていなければ、この推定は働かない、と指摘した。

　オバマ政権による Sole-executive agreement について、議会の意思が示された例として、2015 年 7 月に国連安保理 5 ヶ国とドイツおよびイランの間で成立した核合意が挙げられる。[15]最終合意に先立ち、米連邦議会は 5 月に、政権がイランとの合意に達した場合に議会審査権を要求する法案を可決し、大統領の署名を得てイラン核合意審査法（Iran Nuclear Agreement Review Act of 2015）として成立した。主な内容は、イランとの合意に対する 60 日間の議会審査と、審査期間中を含め何時であれ議会が不承認決議を可決した場合は、大統領は対イラン国連制裁を解除できない、というものであった。結果的に、議会は不承認決議を可決できず、核合意は承認された形となり、2016 年 1 月に国連制裁の解除に至った。[16]

124　第Ⅲ部　大統領権限はいかに行使されたか

　今一つの形態である Congressional-executive agreement は、議会調査局によれば、政権が交渉を開始し取決めを結ぶことを議会が事前に承認したか、または、事後に上下両院がそれぞれ過半数の承認を行うことで効力をもつ行政協定、と整理されている[17]。Ackerman（1995）によれば、この形態の行政協定のルーツは、1845 年のテキサス併合にまで遡る。政権が、メキシコから独立したテキサス共和国との間で併合につき合意したものの、上院は条約批准を拒否したため、アメリカ合衆国への新州加入には連邦議会の同意が必要、という憲法の規定を援用して、上下両院の決議を通じて併合が承認された。また 1921 年には、先に第一次世界大戦終結について定めたベルサイユ講和条約の批准を上院が拒否したことを受け、憲法に規定された連邦議会の戦争を宣言する権限を援用して、両院決議を通じて独墺洪との講和が合意された。

　このようにして、いわば緊急避難的に、上院の 3 分の 2 の同意を、上下院の過半数の同意で代替しうる素地が生まれた。これに対し、「条約」と憲法上の規定のない「行政協定」の法的性格の異同について、また下院が実質的な条約である協定締結に関与することの是非について、さらには、少数派の権利擁護を目的とした 3 分の 2 条項の理念が失われることへの懸念等の論争が起きた[18]。また議会では、1944 〜 45 年にかけて下院司法委員会において、両院決議に基づく協定締結を明文規定し、本来の条約締結と並ぶ正規の国家間合意の形態として位置づけようとする憲法修正案が提出・審議された[19]。修正案は下院本会議での可決には至らず、また憲法上の固有の権限を失うことになる上院は同修正案に反対し、政権も憲法修正には消極的であったとされる[20]。しかしその後も、1945 年に署名された国際連合憲章は上院の批准にかけられたが、同年の国際通貨基金（IMF）および国際復興開発銀行（IBRD）設立を決めたブレトン＝ウッズ協定は両院に送付され、1972 年の第一次戦略兵器制限条約（SALT1）も両院に送付される等、条約と行政協定を併用する状況が続いた。

　これに対し上院の側からは、1977 年に、政治・軍事・経済的に重要なコミットメントを含む国際合意は、条約として上院の批准手続きに付されるべき、として、上院の排他的権限を確認する決議案、および大統領に対し、個別の国際合意が条約と行政協定のいずれに該当するか、上院外交委員会に諮るよう求める決議案が提出され、いずれも 1978 年に可決された[21]。現在、米国政府が条

約以外の国際協定を締結する際の手続きは、条約締結手続きと合わせて国務省のガイドラインである Circular 175 に規定されている[22]。それによれば、合衆国憲法が認めた条約の交渉権限に基づき外国との国家間合意に向けた交渉を開始する際には、国務省の法律顧問室（Office of Legal Advisor）が、形式、すなわち条約か行政協定かを判断し、交渉開始に先立ち、国務長官が上院外交委員会および関連する委員会に通知することとされている。また、判断に際しては、①当該合意が実施された場合に合衆国が負うリスク、②国内法に対する影響の有無、③実施に際し議会による新規立法が必要か、④米国が過去に締結した条約との関連性、⑤議会が特定の法的性質（条約か行政協定か）を志向しているか、⑥正式手続きが必要とされるか、⑦当該合意が拘束力をもつ期間、⑧類似の国際合意との比較、などを考慮することと規定されている。

　なお、通商協定については、1974 年通商法において、通商交渉の開始に先立ち大統領は議会の関係する委員会と協議し、通商協定に調印しようとする日の 90 日前までに議会にその意図を通知し、上下両院の過半数で可決される等の手続きが規定され、それが以後の通商協定でも踏襲されている[23]。

　このように、上下両院の過半数の同意によって発効する行政協定の正当性の根拠として挙げられているのは、第一に、国際合意は締結後に国内法に反映し、適切に実施される必要があり、その国内法の成立には上下両院の過半数が必要とされる点である[24]。つまり、両院の過半数の同意を得て締結された行政協定は、より確実な履行が期待できる、という点である。第二に、上院において、条約批准に必要な 3 分の 2 の同意を確保することは困難な点が指摘される。つまり、政府間の交渉成果が、米国議会の批准を得られずに水泡に帰すという政治的脆弱性の問題である。また、2 年毎に全議席が改選される下院のほうが、有権者の意思を適切に反映しており、上院のみでの批准よりも、下院が関与することによって、民主的正当性がより高まる、との指摘もある。

4　パリ協定の位置づけ

　ここまで、条約と 2 種類の行政協定を取り上げ、制度的経緯や正当性の根拠について述べてきたが、パリ協定の事例はどのように位置づけられるだろうか。

既述のとおり、パリ協定はオバマ政権が交渉・署名し、議会に諮ることなく国連に批准の意思を伝達した。その意味で、大統領の専権で結べる Sole-executive agreement が選択されたことは明白である。この選択の過程で、大統領が上院外交委員会に諮った形跡はなく、1978 年の上院決議以降の慣行には従わなかった模様である。また、両院の過半数の同意で発効する Congressional-executive agreement は、協定の実施段階で国内法の整備が必要になるという現実的要請が背景にあった。パリ協定の場合、排出削減目標の裏づけとして既存の法律に基づく行政措置に頼っていたこともすでに述べたが、果たして議会の支持は不要だったのだろうか。さらに、Sole-executive agreement であっても議会が明確に反対の意思表明をすれば阻止しうることは、判例および慣行として成立しているといえるが、パリ協定に対して議会は反対の意思表明を行わなかったといえるのだろうか。

(1) パリ協定実施には議会の協力は不要か

オバマ政権はパリ協定締結に際して表明した 26 〜 28％の削減目標について、既存の法律に基づく規則制定を通じて達成可能であると見込んでいた。中でも最重要の施策として位置づけられたのが、米国内温室効果ガス排出量の 3 割強を占める発電部門からの排出削減である。EPA が 1990 年大気浄化法に基づき発電所の CO_2 排出基準案を策定し、2015 年 8 月に公布した。しかし大気浄化法は規制対象物質の中に温室効果ガスを含まず、連邦最高裁判決により自動車排ガスに含まれる温室効果ガス排出規制が可能とされ、その延長で、発電所由来の CO_2 についても同法に基づき規制が可能、との法解釈の工夫がなされた。発電所 CO_2 規制の公布後、同規則に関する多くの訴訟が起きたため、2016 年 2 月には連邦最高裁が、訴訟が決着するまで同規則の効力を停止する判断を下した。さらに 2017 年 3 月にはトランプ大統領が EPA に対し、同規則の修正または廃止を指示し[25]、10 月には EPA による規則廃止の手続きが開始された[26]。つまり発電所に対する CO_2 規制は、公布から 2 年を経ても依然として実施されていない。

また、議会が今後、1990 年大気浄化法に「温室効果ガスを規制対象に含まない」旨の修正を加えることができれば、やはりパリ協定の削減目標履行の前

提が崩れることになる。

　他方、CO_2 の 26 倍の温室効果があるといわれるメタンの、シェール油ガス田からの排出を規制するための規則もオバマ政権下で制定され、これもパリ協定の目標達成の重要な施策と位置づけられた。トランプ政権は、メタン規制についても EPA に対し、執行を凍結し同規則を修正または廃止するよう指示した。[27]これに対し連邦控訴裁が、公布済みの規則を凍結する権限は EPA にない、と判決を下したが、議会がメタン規制実施に要する EPA 予算を削減する方向で動いている。このように、議会を迂回する形での協定締結には、その履行面で多大な脆弱性があることが、政権交代後の政策展開からも明らかである。

(2)　議会は不承認の意思表明を行わなかったか

　前述の発電所 CO_2 規制の策定過程では、上下両院の主に共和党議員（および一部産油・産炭州の民主党議員）により、たびたび、大気浄化法に基づく EPA の規制権限を制限する法案や、1996 年議会審査法（Congressional Review Act）に基づき議会拒否権を行使しようとする提案などがなされた。最終規則公布後の 2015 年 11 月には、上院と下院のそれぞれで、同規則の実施を禁じる内容の決議が可決された。最終的に両院での可決に至らなかったものの、この状況は、少なくとも Medellin v. Texas 判決で最高裁が指摘した「長期にわたる黙認」とは評し難いといえよう。

5　トランプ政権下で気候変動対策はどこまで後退しうるのか

　ここまで、パリ協定の締結と離脱、およびパリ協定の公約実施に向けた国内対策の検討状況について整理してきた。この経緯からは、オバマ政権による協定署名自体が、大統領権限の大幅な拡張であったとみることができる。すなわち、温室効果ガス排出規制を含む環境対策は、合衆国憲法に明示された大統領の権限には含まれず、CO_2 排出規制についてオバマ政権下の議会は強固な反対を表明し、かつ過去の類似事例である京都議定書の場合には、条約に準じるものとして議会の批准が必要との広範な合意が存在していた。にもかかわらず、オバマ政権は、パリ協定締結を大統領の専権事項であると主張して、長期的な

排出削減目標を表明したものであった。

　大統領の専権で結べる Sole-executive agreement は、国内における行政命令と同様に、後の大統領が専権で廃止することも可能である。実際、トランプ大統領の下でまさに大統領の専権により協定離脱が宣言されたわけだが、パリ協定の場合、締結国は協定発効から 3 年間は離脱を認められないことが規定されている。これについても、トランプ政権としては、パリ協定締結には本来、上院の批准が必要、という共和党の立場に基づき、議会に諮っていない以上、協定を批准した事実も存在せず、したがって離脱手続きも不要、という強硬姿勢を貫くことも可能である。にもかかわらず、冒頭に述べたとおり、トランプ大統領自身が条件次第で今後の復帰の可能性を示唆し、国務省も「離脱規定の条件を満たし次第」と協定の規定を尊重している。この背景には、一つには、共和党エスタブリッシュメントの間で、W・ブッシュ政権による京都議定書離脱が米国の単独主義外交であるとして国際的な非難を浴びたことへの反省があると考えられる。また、今後の米国のエネルギー需給構造の変化や技術革新等により、温室効果ガス排出削減が、米国の産業・消費者にとって利益をもたらすような状況が到来する可能性も、視野に入れていると考えられる。

　他方で共和党としては、パリ協定を正式に離脱しないまま 2020 年大統領選挙で再び民主党政権が誕生する可能性も念頭に置く必要がある。国際社会は米国に対し、パリ協定の門戸は常に開かれているとして離脱再考を求めており、民主党政権が誕生すれば、パリ協定復帰の可能性は高い。そしてその場合、EPA には新たに大気浄化法 115 条（International Air Pollution）に基づいて温室効果ガス排出を規制する余地が生じる。115 条は、国際機関等から米国起源の大気汚染物質が他国の国民の健康・安全を脅かす旨の報告を受けた場合、あるいは国務長官の要請に応じて、EPA は当該汚染物質の排出源を特定し州知事に対し排出抑制の実施計画策定を命じることができる、という内容である。[28]

　オバマ政権の EPA は、自動車由来の CO_2 排出を大気浄化法 202 条に基づいて、発電所については同 111 条に基づいて規制を試みたが、111 条に基づく CO_2 規制の是非が争われていることはすでに述べた。これに対し、115 条の条文は曖昧で、規制対象となる物質や排出源が特定されていない。115 条が実際に使われた事例も乏しいが、EPA は条文を解釈して広範な温室効果ガス排出

規制を実施する手段を手にする可能性がある。

　本章執筆中の 2017 年末時点では、今後の政治的展開についてこのように多様な可能性を考慮しながら、トランプ政権としてのエネルギー・環境政策の方向性を検討している段階であり、オバマ政権の国内環境規制の廃止以外に、具体的な措置は採られていない。

　連邦レベルの動きとは別に、パリ協定離脱による米国の温室効果ガス排出への実質的な効果について考える場合には、州政府の政策や、エネルギー市場および技術革新等についても考慮する必要がある。

　オバマ大統領によるパリ協定締結を待つまでもなく、米国の電力需要は、2005 年以前の年率 2.7％の伸びに対し、産業構造の変化や人口増の鈍化、省エネの進展等により、2005 年以降は同 0.05％増にとどまっている。ガソリン・軽油等の自動車燃料需要も伸びが鈍化している。オバマ政権は電力部門からの排出削減を最重要施策と位置づけたが、すでに 1990 年代から大気汚染物質の排出量が少ない天然ガス火力の電源構成に占めるシェアが増加していた。2010年代に入って石炭火力発電所の設備廃棄が相次いだが、最大の要因は 2008 年以降、国内で安価で潤沢なシェールガスの供給が拡大したことから、石炭と天然ガスの価格競争力が逆転したことにある。さらに、全米で 29 の州が州内の電源構成に占める再生可能電力の比率を高める政策を導入しており、連邦・州政府による再生可能エネルギー補助金と、技術革新に伴うコスト低減も加わって、電力供給に占める天然ガスと再生可能エネルギーの比率が急激に高まっている。

　つまり米国のエネルギー供給全体が低炭素化しており、この傾向は、パリ協定離脱が実現した場合でも、補助金の減額等により多少ペースが鈍化することはあるにせよ、もはや不可逆的との見方が、米国内でおおむね共有されている。むしろ、トランプ大統領によるパリ協定離脱宣言の後に、北東部や西海岸など環境対策に熱心な州は反発して、州内の気候変動対策について一層野心的な目標を発表する等、地域によっては逆の動きもみられる。

おわりに

　本章では、米国が国際的な取決めを交わす場合に、正式な条約以外に三つの類型からなる行政協定という形式が存在すること、オバマ大統領は、その中でも Sole-executive agreement（単独行政協定）によりパリ協定を締結したことについて述べた。しかし単独行政協定が認められるのは、憲法に基づき大統領権限に含まれる事項に関してであり、気候変動対策はこれに該当しないため、オバマ大統領による協定締結自体が、条約締結に関する大統領権限の拡張にあたることを指摘した。トランプ大統領は、不適切な手続きにより締結され、米国産業・消費者の利益に反するパリ協定からの離脱を、やはり大統領の専権で宣言したものだが、離脱による米国のエネルギー利用への実質的な影響が限定的なことは既述のとおりである。

　では、パリ協定の締結と離脱の経緯は、今後に向けてどのような影響を残すだろうか。

　気候変動対策は、エネルギー生産・消費行動のあり方を左右するため、民間主体への影響がきわめて大きい政策分野である。したがって国際的合意の締結に際しては、国内的な実施体制を整えるために議会での立法が必要であり、正式の批准手続きを経た条約ではないにせよ、議会の承認を得る形の行政協定が必要になる、というのが従来の理解であった。しかしながら、パリ協定の締結・批准にあたってオバマ政権は、表明した削減目標の達成には既存の法律の執行強化だけで充分であり、かつ削減目標自体が法的拘束力をもたないので議会承認は不要、と主張した。そして国際社会もまた、米国については例外的に、議会における正式の批准手続きを求めない形でこれに協力した。援用可能な既存の法律があってのことではあるが、この事例が、国家間合意の締結を巡る大統領権限の行使の方法として、柔軟性を高めたと考えられる。

　トランプ大統領による協定離脱は国際社会から非難を浴びたが、米国内の手続き面では、ごく当然の権限を行使したにすぎない。今後の展開としては、トランプ大統領自身が示唆しているとおり、今後協定の合意内容について再交渉を経て満足のいく成果が得られて大統領の声明により協定復活、となることも考えられる。あるいは米国内のエネルギー需給の変化に伴う温室効果ガス排出

第 9 章 パリ協定からの離脱 131

の自然減により、パリ協定がもはや米国内産業にとって不利でないと判断し、大統領の決断で復活する可能性も考えられる。その場合には、オバマ大統領が押し開いた、大統領の完全な専権により協定を締結するという前提が、トランプ大統領により踏襲され、定着していくプロセスとして注目される。

[注]

1) The White House Office of the Press Secretary, "Statement by President Trump on the Paris Climate Accord," June 1, 2017.

2) The State Department Office of the Spokesperson, "Communication Regarding Intent To Withdraw From Paris Agreement," August 4, 2017.

3) パリ協定（国連気候変動枠組条約第 21 回締約国会議 Draft decision -/CP.21）、2015 年 12 月 12 日。

4) 条約事務局に提出された目標（Intended Nationally Determined Contributions）、2015 年 3 月 31 日。

5) 1990 年大気浄化法は本来、規制対象物質の中に温室効果ガスを含んでいない。しかし 2007 年 4 月の連邦最高裁判決（"Massachusetts et al. v. EPA et al.", 549 U.S. 497, 2007）において最高裁は「温室効果ガスは大気浄化法 202 条でいうところの大気汚染物質に含まれる」と判決した。これを根拠に、オバマ政権は、大気浄化法のほかの条文でも温室効果ガスを規制しうるとの法解釈を採った。他方で規制反対派は、この解釈に反対しており、これが『行政措置のみで実施が可能とされる』とした理由である。

6) "Republican Platform 2016," July, 2016.

7) Republican Platform 2016.

8) "Democratic Party Platform 2016," July, 2016.

9) アメリカ合衆国憲法第 2 章第 2 条第 2 項。

10) Congressional Research Service, "International Law and Agreements: Their Effect upon U.S. Law", February 18, 2015.

11) 前掲 CRS レポート。

12) Bruce Ackerman, "Is NAFTA Constitutional?" *Harvard Law Review*, Vol. 108, No. 4, February, 1995

13) 前掲 CRS レポート。

14) Anne E. Nelson, "From Muddled to *Medellin*: A Legal History of Sole Executive Agreements", Arizona Law Review, Vol. 51, No. 4, 2009.

15) イラン核合意が Sole-executive agreement であることは、Michaela Dodge, Steven Groves and James Phillips, "Senate's Iran Nuclear Bill Misses the Point," Heritage Foundation, April 2015, CNS News, "Kerry: Congress Has No Role in Approving Iran Nuclear Deal," February 25, 2015 等が指摘している。

16) なお、2016 年選挙で共和党綱領はイラン核合意につき、「イランは依然として域内の

テロ活動を支援しており、米国の安全保障と国益および同盟国の安全を確保するため全ての選択肢を排除しない」としたのに対し、トランプ大統領はさらに踏み込んでイラン核合意の破棄を公約した。大統領の専権で締結し得る Sole-executive agreement は、後の大統領が専権で破棄することも手続き上は可能だが、イラン核合意は国連安保理決議として採択されているため、一方的破棄は容易ではない。2017 年 10 月には、トランプ大統領はイランが核合意を遵守しているとの認定を見送り、対応策の検討を議会に委ねる演説を行った。

The White House, "Remarks by President Trump on Iran Strategy," October 13, 2017.

17）　前掲 CRS レポート。

18）　Myres S. McDougal and Asher Lans, "Treaties and Congressional-Executive or Presidential Agreements: Interchangeable Instruments of National Policy," *The Yale Law Journal*, Vol. 54, No. 2, March, 1945.

19）　Edwin Borchard, "Treaties and Executive Agreements a Reply," *The Yale Law Journal*, Vol. 54, 1945.

20）　前掲 Ackerman, 1995。

21）　S. Res.24 - Treaty Powers Resolution, 95th Congress（1977-1978）　および S. Res.536 - International Agreement Consultation Resolution 95th Congress（1977-1978）。

22）　U.S. Department of States Office of Legal Advisor, *The Handbook on Treaties and Other International Agreements（The C-175 Handbook）: Foreign Affairs Manual - Chapter 700 TREATIES AND OTHER INTERNATIONAL AGREEMENTS*, 2018 年 1 月 9 日最終閲覧。

23）　Trade Act of 1974（U.S. Code Title 19, Chapter 12）。また判例もこの手続きの妥当性を支持している（United Steelworkers of America, AFL-CIO, CLC v. U.S,. 534 U.S. 1039, 2001）。

24）　Oona A. Hathaway, "The Case for Replacing Article II Treaties With Ex Post Congressional-Executive Agreements," *The American Constitution Society*, November, 2008.

25）　Executive Order 13783 -Promoting Energy Independence and Economic Growth,（March 28, 2017）.

26）　U.S. EPA, proposed rule: Repeal of Carbon Pollution Emission Guidelines for Existing Stationary Sources: Electric Utility Generating Units, Federal Register, vol. 82, no. 198, October 16, 2017.

27）　同上。

28）　Clean Air Act Title I - Air Pollution Prevention and Control, Parts A -Air Quality and Emission Limitations Section 115（42 U.S. Code § 7415）.

第 10 章

州司法長官たちによる訴訟戦略と大統領

梅川葉菜

はじめに

　ドナルド・トランプ大統領は就任以来、大統領単独の権限行使によってさまざまな政策変更を実現しようと努めてきた。しばしばそうした試みは、民主党を中心とする州司法長官たちの訴訟戦略によって阻止されてきた。トランプ大統領による入国禁止令をめぐる攻防がその好例であろう。ほかにも、トランプ政権による環境保護関連法の義務の履行の延期、国境の壁建設[1]、オバマケアに基づく低所得者向けの医療補助金の支出停止[2]、悪質な営利目的の大学から多額の学生ローンを負わされた学生を救済する措置の延期[3]などに対し、州司法長官たちが訴訟を提起し、これらのいくつかで大統領の政策実現を阻止している。いずれも、民主党所属の州司法長官たちが重要な役割を果たしており、彼らの存在感が非常に高まっているといえよう。

　注意しなければならないのは、大統領と州司法長官たちとの間の司法の場での対立の激化が、トランプ政権期に突如として生じたものでも、またトランプ政権期に特有のものでもない、ということである。ジョージ・W・ブッシュ政権期にもバラク・オバマ政権期にも類似した現象がみられた。

　そこで本章では、ブッシュ政権期からトランプ政権 1 年目の 12 月末までの時期に焦点を当て、大統領と州司法長官たちが争った政治的対立のうち、特に政治的な関心を集めたものを概観する。具体的には、環境保護政策（ブッシュ

134　第III部　大統領権限はいかに行使されたか

政権とオバマ政権)、不法移民政策 (オバマ政権とトランプ政権)、入国禁止令 (トランプ政権) である。現代アメリカの大統領は、どのような困難に直面しているのだろうか。

1　環境保護政策をめぐる大統領と州司法長官の攻防

(1)　ブッシュ政権の消極的姿勢と実質的な勝利

　州司法長官たちが大統領の政策決定に異を唱え、州を越えて協力して訴訟を提起するようになったのは、ブッシュ政権の環境保護政策からである。ただし、この一件は、必ずしも州司法長官たちの勝利とはいえないものであった。

　ブッシュ政権は、前政権のビル・クリントン政権とは違い、環境保護のための温室効果ガスの排出削減には消極的であり、企業などに規制を課すことを嫌った。そのための手段の一つが、大気浄化法 (Clean Air Act) の法解釈の変更であった。1998 年 4 月、民主党のクリントン政権は、公共の福祉を脅かすことが明白ならば、大気浄化法の下で環境保護庁 (Environmental Protection Agency; EPA) が温室効果ガスを規制する権限を有するとの判断を示していた[5]。ところが 2003 年 8 月、ブッシュ政権は「議会が大気浄化法によって環境保護庁に与えた権限の中には、気候変動への対処のために二酸化炭素やその他の温室効果ガスの排出を規制する権限は含まれていない」との見解を示し、そうした規制を実施するには「議会が明確に法的な権限を環境保護庁に与えることが不可欠」であり、そうでなければ実施できないと述べたのだった[6]。

　実は、議会に新立法を仰ぐような抑制的なブッシュ政権の判断は、環境保護政策に反対する勢力にとって望ましいものであった。なぜなら当時の第 108 議会は、環境保護政策に消極的な共和党が上下両院ともに多数を占めていたからである。そのため環境保護を推進する立場の人々は、ブッシュ政権の法解釈の変更に対して、「工場が何ら責任を負わずに何百万トン以上もの大気汚染を吐き出すことを認めてしまう判断だ」として強く反発した[7]。

　新立法による規制が期待できない中で、環境保護の後退を防ぐ手段は限られていた。そこで立ち上がったのが、民主党所属の州司法長官たちであった。すぐさま州司法長官たちを中心とする 12 州の代表者たちが、協力してブッシュ

政権に対して訴訟を提起した。訴訟を主導したのは、マサチューセッツ州司法長官ジェームズ・ミルキー（James Milkey）であった。

2007 年 4 月、合衆国最高裁（マサチューセッツ州対環境保護庁事件）判決[8]において、大気浄化法は、環境保護庁に気候変動への対処のために温室効果ガスの排出を規制する権限を与えているとの判断が下された。同時に、環境保護庁は温室効果ガスが気候変動をもたらしていないことを証明しない限り、排出規制をしなければならないとされた。

裁判所の判断自体は、民主党所属の州司法長官を含め、環境保護を推進したい勢力の勝利のように思えた。ところが、そうはならなかった。ブッシュ政権は、温室効果ガスと気候変動の間に関係がないことを証明していないにもかかわらず、排出規制をしないまま 2009 年 1 月の任期終了を迎えたのだった。州司法長官たちは大統領の政策を覆すことができなかったのである。

しかしながら、この裁判所の判断は、次のオバマ政権が環境保護政策を推進させる根拠になると同時に、州司法長官たちが多様な争点について大統領に訴訟を提起する契機にもなった。オバマ政権期になると、州司法長官たちが大統領の政策を阻止するのに次々と成功するようになる。なお、本章ではオバマ政権期の環境保護政策や不法移民政策についてのみ取り上げるが、LGBT 政策もまた、オバマ政権の取組みが州司法長官たちによって阻まれた好例である[9]。

(2) オバマ政権の積極的姿勢と敗北

オバマ大統領は就任して長らく、気候変動の原因とされる二酸化炭素の排出を規制する立法を議会に働きかけていた。ところが 2013 年 6 月、オバマ大統領は議会の党派対立に起因する政治停滞に痺れを切らし、大統領の行政権の範囲で規制を目指すことを宣言した。

> 「私は一般教書演説において、議会に対し、…（中略）…気候変動への超党派的な対策を求めた。今なお、私はそれを求めている。しかしながら、気候変動への対策は党派対立に基づく政治停滞のせいで足踏みしていられる問題ではない…（中略）…そこで今日、私は環境保護庁に対して、発電所からの制限のない炭素の排出を止めさせ、新規および既存の発電所に対する新たな排出基準を設けるよう命じた[10]。」

その際に大統領が規制のための法的根拠を主張する材料としたのが、上記のマサチューセッツ対環境保護庁事件判決であった。大統領は、上記の最高裁判決により大気浄化法に基づいて環境保護庁は温室効果ガスを規制できるとして、議会の立法を待たずに規制に取りかかったのだった。

約2年もの歳月をかけて作り上げたのが、2015年8月に大統領によって示されたクリーンパワープラン（Clean Power Plan）であった[11]。これは同年10月、連邦官報に記載され、規則として効力をもつこととなった[12]。

すぐさま、議会から反対の声があがった。議会は、議会審査法（Congressional Review Act）に基づき議会拒否権を行使して規則を撤廃しようと試みた（S. J. Res. 24）。規則の撤廃のための決議案は、多数の共和党議員からの支持を得て上下両院を通過したものの、大統領が署名しなかったため、規則の撤廃には至らなかった。

議会に代わって大統領の政策形成を阻止しようとしたのが、ウェストバージニア州司法長官パトリック・モリッシー（Patrick Morrisey）率いる27もの州であった。彼らは、同規則が行政権の範囲を逸脱しており違憲であるなどと裁判所に訴えた。2016年2月、合衆国最高裁は、訴訟の裁定が下されるまでの間、クリーンパワープランの執行を一時的に差し止めるという判断を示し、大統領の政策形成が阻止された[13]。

2　不法移民政策をめぐる大統領と州司法長官の攻防

(1)　オバマ政権の政策形成と失敗

オバマ政権が単独で政策形成を試みて州司法長官たちによって阻止された事例として最も有名なのは、不法移民政策である。オバマ大統領は当初、不法移民のうち、幼少期にアメリカにやってきた若年層に対して永住資格を与えようと議会に働きかけていた。2010年11月には、オバマ大統領と協力関係を構築した民主党指導部が、ドリーム法と呼ばれる不法移民対策法案を下院に提出した。この法案は下院を通過したものの、上院で廃案となった。2012年6月、オバマ大統領は次のように議会に批判を加え、大統領独自の政策の実施を宣言した。

第 10 章　州司法長官たちによる訴訟戦略と大統領　137

　「何度も何度も議会に対して、ドリーム法を私の机の上にもってくるよう求めた…（中略）…が、共和党が阻止した…（中略）…議会は破たん状態にある移民政策に対して何ら行動を起こせていない[14]」

　その 2 ヶ月後の 8 月、オバマ政権は「若年層向け強制送還延期プログラム（Deferred Action for Childhood Arrivals; DACA）」を開始した[15]。DACA は、国外への強制送還対象者のうち、幼少期にアメリカにやってきた若年層に対して、強制送還に一定の猶予を与えると同時に、就労の権利も認めるというものであった。およそ 170 万人がこの事業の対象になると見積もられていた。

　ただ、オバマ大統領は DACA では不十分と考えていた。DACA は一時しのぎにすぎず、抜本的な不法移民対策には立法が不可欠であるし、また、DACA の対象となる不法移民も限られていると認識していた。そのため、引き続き立法による解決を訴えていた。

　しかしながら、議会が立法によって不法移民対策を講じることはなく、オバマ大統領の苛立ちは増す一方であった。ついにオバマ大統領は、不法移民対策に何ら進展を示さない議会に見切りをつけ、独自に更なる不法移民対策を進めることにした。それが、2014 年 11 月にオバマ大統領が発表した「21 世紀に向けた移民査証制度の近代化と合理化」と題した大統領覚書に基づく不法移民対策であった。これは、DACA の範囲を拡大するとともに、「米国市民と永住者の親向け強制送還延期プログラム（Deferred Action for Parents of Americans and Lawful Permanent Residents; DAPA）」と呼ばれる新たな不法移民政策の実施を試みるものであった。DAPA は、アメリカの市民権や永住資格をもつ子供の親に対して、強制送還に一定の猶予を与えると同時に、就労の権利も認めるものであった。範囲を拡大する DACA と合わせ、約 1000 万以上の人々が一時的な合法的な滞在や就労の権利が認められると見積もられていた。

　オバマ大統領による DACA の範囲拡大と DAPA の実施に対し、すぐに反応を示して反撃に打って出たのは議会共和党であった。ところが、新立法によって大統領の不法移民対策を頓挫させようとする議会共和党の試みは、民主党からの反対にあって失敗に終わった。

　議会に代わってオバマ大統領に抵抗したのが、共和党の州司法長官たちであ

った。テキサス州司法長官ケン・パクストン（Ken Paxton）を中心とする26州の代表者たちは、オバマ大統領の2014年のDACAの拡大とDAPAの実施を阻止すべく、協力して訴訟を提起した。彼らは、これらの政策が移民関連法に違反しており、また合衆国憲法の定める大統領権限を逸脱していると主張した。2016年6月、合衆国最高裁の判事たちの意見が4対4で割れたため、DACAの拡大とDAPAの実施の一時差し止めを命じるテキサス州の連邦地方裁判所や第五巡回区控訴裁判所の判断が維持された[16]。

　この判決で自信をつけた共和党の州司法長官たちは、次にDACAに狙いを定めるようになる。

(2)　トランプ政権の政策形成と州司法長官

　DAPAは差し止められたものの、DACAはトランプ政権発足後も続けられていた。当初、トランプ政権はDACAについての態度を決めあぐねていた。2017年6月、トランプ政権はDACAをひとまずは継続する旨を表明していた[17]。

　これに反発したのが、パクストン率いる共和党の州司法長官たちであった。10州の共和党所属の州司法長官たちは、すぐさま書簡をトランプ政権に送りつけ、同年9月5日までにDACAを廃止する手続きを開始するよう政権に求めた[18]。続けてその書簡では、もしその要求に従わない場合、DACAは合衆国憲法が大統領に授権した権限の範囲を踏み越えているものであるとして、訴訟も辞さないとする内容も記されていた。さらに、もし訴訟になった場合は、オバマ政権期にDACAの拡大とDAPAを差し止めた裁判所の判断を鑑みれば、DACAもまた差し止めの判断が下されることは間違いないとも脅していた。同年9月5日、共和党の州司法長官たちが訴訟を提起すると主張した期日に、トランプ政権はDACAの廃止を宣言した。トランプ政権は、DACAの拡大とDAPAの実施に対する裁判所の判断を引き合いに出し、DACAも同様の問題を抱えているとして、2018年3月5日にDACAを廃止するとした[19]。

　トランプ政権のDACAの廃止の宣言に対して、今度は民主党の州司法長官たちが立ち上がった。ただちに、ニューヨーク州司法長官エリック・シュナイダーマン（Eric Schneiderman）とカリフォルニア州司法長官ハビアー・ベセラ（Xavier Becerra）率いる19州の州司法長官たちが訴訟を提起した。彼らは、トランプ

政権の DACA の廃止が特定の国籍を有する者たちを狙い撃ちにする差別的なものだとして、大統領権限から逸脱した違憲なものだと主張した。本件は 2017 年 12 月末現在、係争中である。

3　入国禁止令をめぐるトランプ大統領と州司法長官の攻防

(1)　入国禁止令 1.0

　トランプ政権と州司法長官たちの間の攻防は多岐にわたっているが、以下では最も関心を集めた入国禁止令に焦点を当てたい。2017 年 12 月末までに、トランプ大統領は 3 回も入国禁止令を出している。2017 年 1 月 27 日の行政命令（executive order）13769[20]号、3 月 6 日の行政命令 13780[21]号、そして 9 月 24 日の大統領布告（presidential proclamation）[22]である。アメリカではこれらの入国禁止令は、順に「入国禁止令 1.0」、「入国禁止令 2.0」、「入国禁止令 3.0」などと呼称されている。

　なお、入国禁止令 3.0 は他の入国禁止令とは若干違うことに注意したい。入国禁止令 1.0 と入国禁止令 2.0 は、特定国の国籍を有する人物の入国の一時停止だけでなく、世界中からの難民の受け入れの一時停止も含むものであった。それに対し、入国禁止令 3.0 は難民については扱わず、特定国の国籍を有する人物の入国の一時停止のみが意図されていた。難民の受け入れについては、別に、10 月 24 日に行政命令 13815[23]号が出され、入国禁止令 2.0 の下での難民の受け入れの停止措置のほとんどが解除される一方で、より厳格な審査手続きが導入されることとなった。以上の点に注意を払いつつ、入国禁止令のこれまでの経緯を整理する。

　1 月 27 日の入国禁止令 1.0 は、イラン、イラク、リビア、ソマリア、スーダン、シリア、イエメンの 7 ヶ国のいずれかの国籍をもつ人物の入国の 90 日間の禁止、難民の受け入れの 120 日間の停止、シリア難民の受け入れの無期限停止というものであった。署名後にすぐさま適用されたこともあり、混乱は全米だけでなく世界全体へと波及した。

　これに対し、ワシントン州司法長官ボブ・ファーガソン（Bob Ferguson）とミネソタ州司法長官ロリ・スワンソン（Lori Swanson）率いる民主党所属の州司

法長官たちを中心とする 17 もの州とワシントン D.C. が、宗教差別であり合衆国憲法に反するとして訴訟に乗り出した。入国禁止令 1.0 の署名からわずか 1 週間後の 2 月 3 日、ワシントン州の連邦地方裁判所は、この行政命令の執行の一時差し止めの判断を下した[24]。さらに 2 月 9 日、トランプ政権の上訴を受けた第九巡回区控訴裁判所は、7 ヶ国のいずれかの国籍をもつ人物がアメリカの国益を損なわせることを示すのに十分な証拠がないなどとして、同様に執行の一時差し止めの判断を下した[25]。

⑵　入国禁止令 2.0

　3 月 6 日、大統領は差し止められた行政命令と類似する入国禁止令 2.0 を出した。これは、前回の入国禁止令 1.0 で対象となった 7 ヶ国のうちイラクを除いた 6 ヶ国のいずれかの国籍をもつ人物の入国を 90 日間禁じ、また難民の受け入れを 120 日間停止するものであった。前回の行政命令で生じた混乱を反省したのか、適用は署名から 10 日後の 3 月 16 日からとされた。

　新たな行政命令に対しても、前回の経過をなぞるように、民主党所属の州司法長官たちが、再び阻止を目指して動き出した。先陣を切ったのは、ハワイ州司法長官のダグラス・チン（Douglas Chin）であった。入国禁止令 2.0 が適用される前日の 3 月 15 日、ハワイ州の連邦地方裁判所は、この行政命令がイスラム教徒に対する差別を意図したものであると述べ、新たな行政命令の執行の一時差し止めを命じた[26]。3 月 29 日には、新たな裁判所の判断までの無期限の執行の差し止めを命じた[27]。

　なお、入国禁止令 2.0 をめぐる法廷闘争では、必ずしも常にトランプ政権が敗北し続けたわけではなかった。6 月 26 日、裁判所による執行停止の判断を不服としてトランプ政権が訴えた裁判で合衆国最高裁判所は、入国禁止措置の一部執行を認める判断を示した[28]。アメリカ国民と「真正な関係（bona fide relationship）」をもたない人物が入国禁止の対象とされ、3 日後の 29 日、ようやく入国禁止令 2.0 が部分的に実施された。「真正な関係」の具体的な内容についてまでは裁判所が言及していなかったため、トランプ政権は独自に「真正な関係」者を限定的に解釈することで、事実上、多数の人々の入国を禁止しようとした。すなわち、両親、配偶者、婚約者、子ども、子どもの配偶者、きょ

うだいなどは真正な関係者と認める一方で、祖父母や孫、おじ、おば、甥、姪などを認めない形で運用を開始したのだった[29]。ただし、7月と9月の裁判所の判断によって、トランプ政権が限定していた「真正な関係」の対象範囲が広げられ、上記で示した排除された近親者も「真正な関係」があると認められた[30]。

(3) 入国禁止令 3.0

9月24日、入国禁止令2.0が定めている90日間という入国禁止措置の期限を迎え、トランプ大統領は入国禁止令3.0を出した。これは、前回の入国禁止令2.0で入国を禁じていた国々のうちスーダンを除くイラン、リビア、ソマリア、シリア、イエメンに対する規制は継続し、新たにチャド、北朝鮮を加えた計7ヵ国のいずれかの国籍をもつ人物と、ベネズエラの一部の政府職員の入国を禁止するものであった。この措置も前回と同様に適用までの猶予期間が設けられ、10月18日に適用されることになっていた。

この措置に対してもニューヨーク州司法長官シュナイダーマンやハワイ州司法長官チンなどを中心とする州司法長官によって訴訟が提起された。入国禁止令3.0が実施される前日の同月17日、ハワイの連邦地方裁判所は、イラン、リビア、ソマリア、シリア、イエメン、チャドの6ヶ国のいずれかの国籍をもつ人物がアメリカの国益を損なわせることを示すのに十分な証拠がないなどとして執行を差し止めた[31]。ちなみに裁判所は、北朝鮮やベネズエラに対する措置は差し止めなかった。

ところが、2017年11月13日、トランプ政権の緊急手続停止の申立てを受けた第九巡回区控訴裁判所は、入国禁止令3.0の一部執行を一時的に認める判断を示した[32]。ただし、以前の入国禁止令2.0の裁判で裁判所が解釈を拡げた「真正な関係」を有する者の入国は妨げられないとした。

それに対して、2017年12月4日、合衆国最高裁は、裁定が下されるまでの間、入国禁止令3.0を全面的に執行することを認め、第四巡回区控訴裁判所と第九巡回区控訴裁判所に対して迅速に入国禁止令3.0の合法性の判断を示すよう促した[33]。

そこで同月22日、第九巡回区控訴裁判所は、入国禁止令3.0が大統領権限から逸脱しているとの判断を示し、10月17日のハワイの連邦地方裁判所の判

断を支持した。その一方で、裁定が下されるまでの間、「真正な関係」を有しない者の入国を禁じることはできるとの判断を示した上で、合衆国最高裁が最終的な判断を示すよう求めた。[34] 本件は、2017年12月末現在、係争中である。

⑷ 難民の受け入れ停止措置のほとんどの終了

10月24日、入国禁止令2.0が定めている120日間という難民の受け入れ停止期間の期限を迎えるにあたって、トランプ大統領は、新たな行政命令13815号を出した。これは、難民の受け入れを再開すると同時に、審査手続きを厳格化する措置であった。また、「一部の国」については、90日間の受け入れを停止するとともに、追加措置の判断のための更に厳格な審査を行うとした。その「一部の国」は非公表とされていたが、報道によれば11ヶ国あり、また特別な事情があれば90日間よりも早くに受け入れられる可能性があるという。[35]

以上、入国禁止令をめぐる大統領と州司法長官たちとの攻防を概観した。いずれの入国禁止令に対しても、州司法長官たちはすぐさま訴訟を提起し、これらの入国禁止令の多くの部分の執行の一時差し止めの判断を裁判所から勝ちとった。入国禁止令1.0が適用されてから12月末日までの11ヶ月間のうち、三つの入国禁止令のいずれかが部分的にでも適用されていた期間は5ヶ月間ほどである。しかも、ほとんどの期間、「真正な関係」をもつ人物であれば、指定した6ヶ国のいずれかの国籍を有する人物であっても入国が認められていた。

おわりに

ジョージ・W・ブッシュ政権以来、大統領の掲げる重要な政治争点のゆくえは、もはや州司法長官の動向なしでは論じられないものになっている。大統領は単独で政策形成に乗り出すと、議会だけでなく、州司法長官たちからの挑戦も受けるようになった。しかも、州司法長官たちによる抵抗は、党派対立によって一丸になれない議会と違い、実際に大統領の政策形成を阻止するのに成功している。州司法長官たちが裁判所を利用している点も興味深い。今後も州司法長官たちの動向には目が離せない。

[注]

1) Devin Henry, "States Sue EPA over Ozone Rule Delay," *The Hill*, August 1, 2017 (http://thehill.com/policy/energy-environment/344816-states-sue-epa-over-ozone-rule-delay).

2) Patrick McGreevy and Jazmine Ulloa, "California again Steps up to Trump, This Time to Stop the Border Wall," *Los Angeles Times*, September 20, 2017 (http://www.latimes.com/politics/la-pol-ca-xavier-becerra-trump-wall-lawsuit-20170920-story.html).

3) Rachel Roubein, "18 States Sue over Trump-Halted ObamaCare Payments," *The Hill*, October 13, 2017 (http://thehill.com/policy/healthcare/355360-15-states-sue-over-trump-halted-obamacare-payments).

4) Danielle Douglas-Gabriel, "Attorneys General Sue DeVos over Delay of Rule to Protect Students from Predatory Colleges," *Washington Post*, July 6, 2017 (https://www.washingtonpost.com/news/grade-point/wp/2017/07/06/attorneys-general-sue-devos-over-delay-of-rule-to-protect-students-from-predatory-colleges/?utm_term=.ebc6a3e5b2b4).

5) Environmental Protection Agency, "EPA's Authority to Regulate Pollutants Emitted by Electric Power Generation Sources," April 10, 1998 (http://www.law.umaryland.edu/environment/casebook/documents/epaco2memo1.pdf).

6) Environmental Protection Agency, "EPA Denies Petition to Regulate Greenhouse Gas Emissions from Motor Vehicles," August 28, 2003 (https://yosemite.epa.gov/opa/admpress.nsf/fb36d84bf0a1390c8525701c005e4918/694c8f3b7c16ff6085256d900065fdad!OpenDocument).

7) Katharine Q. Seelye, "Administration Adopts Rule On Antipollution Exemption," *New York Times*, August 28, 2003.

8) *Massachusetts v. Environmental Protection Agency*, 549 U.S. 497 (2007).

9) 2016年5月、オバマ政権は全米の公立学校に対して、トランスジェンダーの学生が性自認（gender identity）に沿ったトイレを利用できるようにしなければ連邦補助金を削減するという通達を示した。ところが、共和党を中心とする23州の州司法長官たちが訴訟を提起し、通達の一時差し止めが認められ、オバマ政権の試みは頓挫した。

10) Barak Obama, "Remarks by the President on Climate Change," June 25, 2013 (https://obamawhitehouse.archives.gov/the-press-office/2013/06/25/remarks-president-climate-change).

11) Barak Obama, "Remarks by the President in Announcing the Clean Power Plan," August 3, 2015 (https://www.whitehouse.gov/the-press-office/2015/08/03/remarks-president-announcing-clean-power-plan).

12) Environmental Protection Agency, "Carbon Pollution Emission Guidelines for Existing Stationary Sources: Electric Utility Generating Units; Final Rule," *Federal Register*, Vol. 80, No. 205, October 23, 2015, pp. 64661-5120.

13) Order in Pending Case, *West Virginia v. EPA*, 15A773 (Feb. 9, 2016) (https://ago.wv.gov/publicresources/epa/Documents/15A773%20West%20Virginia%20v.%20EPA%20-%20USSC%20stay%20order%20(M0118593xCECC6).pdf).

14) Barack Obama, "Remarks by the President on Immigration," June 15, 2012 (https://obamawhitehouse.archives.gov/the-press-office/2012/06/15/remarks-president-immigration).

144 第Ⅲ部 大統領権限はいかに行使されたか

15) White House, "Deferred Action for Childhood Arrivals: Who Can Be Considered?" August 15, 2012 (https://obamawhitehouse.archives.gov/blog/2012/08/15/deferred-action-childhood-arrivals-who-can-be-considered).

16) *United States v. Texas*, 579 U.S. ___ (2016).

17) Department of Homeland Security, "Frequently Asked Questions: Rescission of Memorandum Providing for Deferred Action for Parents of Americans and Lawful Permanent Residents ("DAPA")," June 15, 2017 (https://www.dhs.gov/news/2017/06/15/frequently-asked-questions-rescission-memorandum-providing-deferred-action-parents); Department of Homeland Security, "Rescission of Memorandum Providing for Deferred Action for Parents of Americans and Lawful Permanent Residents ("DAPA")," June 15, 2017 (https://www.dhs.gov/news/2017/06/15/rescission-memorandum-providing-deferred-action-parents-americans-and-lawful).

18) Ken Paxton, "Re: Texas, et al. v. United States, et al., No. 1:14-cv-00254 (S.D. Tex.)," June 29, 2017, Letter (https://www.texasattorneygeneral.gov/files/epress/DACA_letter_6_29_2017.pdf?cachebuster:5).

19) Elaine C. Duke, "Memorandum on Rescission of Deferred Action for Childhood Arrivals (DACA)," September 5, 2017 (https://www.dhs.gov/news/2017/09/05/memorandum-rescission-daca).

20) Donald J. Trump, "Executive Order 13769 of January 27, 2017: Protecting the Nation from Foreign Terrorist Entry into the United States," *Federal Register*, Vol. 82, No. 20, February 1, 2017, pp. 8977-82.

21) Donald J. Trump, "Executive Order 13780 of March 6, 2017: Protecting the Nation from Foreign Terrorist Entry into the United States," *Federal Register*, Vol. 82, No. 45, March 9, 2017, pp. 13209-19.

22) White House Office of the Press Secretary, "Presidential Proclamation Enhancing Vetting Capabilities and Processes for Detecting Attempted Entry into the United States by Terrorists or Other Public-Safety Threats," September 24, 2017 (https://www.whitehouse.gov/the-press-office/2017/09/24/enhancing-vetting-capabilities-and-processes-detecting-attempted-entry).

23) Donald J. Trump, "Resuming the United States Refugee Admissions Program with Enhanced Vetting Capabilities," *Public Papers of the Presidents of the United States: Donald J. Trump*, October 24, 2017, pp. 50055-8.

24) Temporary Restraining Order, *Washington v. Trump*, No. C17-0141JLR (W.D. Wash. Feb. 3, 2017), (http://agportal-s3bucket.s3.amazonaws.com/uploadedfiles/Another/News/Press_Releases/Washington%20v.%20Trump_Temporary%20Restraining%20Order.pdf).

25) Per Curiam Order, *Washington v. Trump*, No. 17-35105 (9th Cir. Feb. 9, 2017), (https://cdn.ca9.uscourts.gov/datastore/opinions/2017/02/09/17-35105.pdf).

26) Order Granting Motion for Temporary Restraining Order, *Hawaii v. Trump*, No. 17-00050 DKW-KSC (D. Haw. Mar. 15, 2017), (https://cases.justia.com/federal/district-courts/hawaii/hidce/1:2017cv00050/132721/219/0.pdf).

27) Order Granting Motion to Convert Temporary Restraining Order to a Preliminary Injunction, *Hawaii v. Trump*, No. 17-00050 DKW-KSC (D. Haw. Mar. 29, 2017), (https://docs.justia.

com/cases/federal/district-courts/hawaii/hidce/1:2017cv00050/132721/270).

28) Per Curiam, *Trump v. IRAP et al.*, 582 U.S. ＿＿ (2017), (https://www.supremecourt.gov/opinions/16pdf/16-1436_l6hc.pdf).

29) Department of Homeland Security, "Frequently Asked Questions on Protecting the Nation from Foreign Terrorist Entry into the United States," June 29, 2017 (https://www.dhs.gov/news/2017/06/29/frequently-asked-questions-protecting-nation-foreign-terrorist-entry-united-states-0).

30) Order in Pending Case, *Trump v. Hawaii*, 16-1540 (July 19, 2017), (https://www.supremecourt.gov/orders/courtorders/071917zr_o7jp.pdf); Opinion, *Hawaii v. Trump*, No. 17-16426 (9th Cir. Sep. 7, 2017), (http://cdn.ca9.uscourts.gov/datastore/opinions/2017/09/07/17-16426.pdf).

31) Order Granting Motion for Temporary Restraining Order, *Hawaii v. Trump*, No. 17-00050 DKW-KSC (D. Haw. Oct. 17, 2017), (https://ag.hawaii.gov/wp-content/uploads/2017/01/News-Release-2017-140.pdf).

32) Order, *Hawaii v. Trump*, No. 17-17168 (9th Cir. Nov. 13, 2017), (http://cdn.ca9.uscourts.gov/datastore/general/2017/11/13/17-17168%20order%2011-13.pdf).

33) Order in Pending Case, *Trump v. Hawaii*, 17A550 (December 4, 2017), (https://www.supremecourt.gov/orders/courtorders/120417zr_4gd5.pdf).

34) Per Curiam Opinion, *Hawaii v. Trump*, No. 17-17168 (9th Cir. Dec. 22, 2017), (http://cdn.ca9.uscourts.gov/datastore/general/2017/12/22/17-17168%20-%20opinion.pdf).

35) Peter Baker and Adam Liptak, "U.S. Resumes Taking in Refugees, but 11 Countries Face More Review," *New York Times*, October 24, 2017 (https://www.nytimes.com/2017/10/24/us/politics/trump-lifts-refugee-suspension.html?_r=0).

第11章

大統領権限と制裁

—— 対東アジア（中国、北朝鮮）を中心に

村上政俊

はじめに

　トランプ政権の東アジア政策、とりわけ米中関係は、いままでの共和党政権とはやや異なる揺れ動きを示している。これまでは、大統領選挙期間中に対中強硬姿勢を掲げ政権発足後も暫くは維持するものの、一定期間を経て米中協調にシフトするという流れが多かった。典型がニクソン政権だろう。反共の闘士として鳴らしたニクソン大統領が、腹心のキッシンジャー大統領補佐官を使ってニクソンショックという劇的な米中接近を仕掛け、同盟国日本を含めた世界中に衝撃が走った。

　中国に対してはトランプ大統領も選挙期間中から強硬な物言いが目立っていた。経済関係で記憶に残るのが、中国からの輸入に関税を最大で45％課すという発言だろう。これに対して中国側は、楼継偉財政部長がウォール・ストリート・ジャーナル紙のインタビュー[1]に対し、トランプ候補は非理性的なタイプ（irrational type）だと批判した。中国を為替操作国（currency manipulator）に認定するとも息巻いていた。また、オバマ政権下での習近平国家主席の国賓訪米（2015年9月）については、自分が大統領なら夕食会ではなくマクドナルドのハンバーガーを供すると酷評した。

　転機は2017年4月に訪れた。初めての米中首脳会談がトランプ大統領の個人別荘フロリダ州パームビーチのマーラ・ラゴ・クラブ（Mar-a-Lago Club）で

開かれた。ここは同年2月、安倍晋三総理とトランプ大統領がゴルフを27ホールも楽しんだ地だった。日米首脳の蜜月ぶりに焦りを覚えた中国は、崔天凱駐米大使（前駐日大使）がトランプ娘婿のクシュナー大統領上級顧問とのパイプを構築することによって同じ場所での首脳会談開催に漕ぎ着けた。

　席上、北朝鮮が主要テーマの一つとなった。トランプ大統領は会談にタイミングを合わせてシリアを空爆し、中国を牽制することは忘れなかったものの、選挙期間中から繰り返し批判の矛先を向けていた経済問題で中国側に猶予を与えた。北朝鮮問題での協力を中国から引き出すためだった。こうして為替操作国の認定は見送られた。

　北朝鮮問題が米中接近をもたらしたのはこれが初めてではなかった。ジョージ・W・ブッシュ政権が対中接近に舵を切ったのは、9.11後に中国がテロとの戦いで協力姿勢を示したことがきっかけだったが、接近を加速させたのは北朝鮮の核開発（第二次核危機）だった。対中強硬姿勢から米中協調姿勢への転換はこれまでの共和党政権でもあったとはいえ、その時期がトランプ政権では発足から間もなくであったことも異例といえよう。ニクソン政権はキッシンジャー訪中まで2年半、ブッシュ政権は江沢民国家主席のブッシュ大統領私邸（テキサス州クロフォード）への招待まで2年弱と過去の政権では宥和への転換には少なくとも約2年を要していた。選挙期間中の強硬姿勢との整合性を、という考慮もあったかもしれない。

　ところがトランプ大統領はすぐさま対中強硬姿勢に再び転じた。本論にて詳述するが、米中首脳会談直後、通商拡大法に基づき安価な鉄鋼流入について実態調査を命じ、対中貿易赤字に手を打ったのである。同年8月には通商法に基づき中国での知的財産権侵害の実態調査を命じている。

　トランプ政権の対中姿勢が揺れ動いた原因については複数考えられる。まず政権内で中国への失望が広がったという見方だ。端的な表れが、2017年7月、中国は北朝鮮に関して我々のために何もしていないというトランプ大統領のツイートだろう。北朝鮮に対して大きな影響力を持つとされる中国が、問題解決に向けて明確に行動しないことへの不満が鬱積しているという見立てである。次に挙げられるのが大統領自身の個性だ。世界中が知るところだが、トランプ大統領の政治手法は既存の政治家とは大きく異なり、不確実性を見出す向きも

多い。ここに理由を求めるのであれば、対中姿勢は今後も強硬と宥和の間を揺れ動くとの推論が強まる。

　長期的な戦略レベルで考えれば、米中対立は必然だという見方もあろう。人工島造成を進める南シナ海や尖閣諸島への挑発が続く東シナ海での海洋進出はいうに及ばず、ユーラシア大陸全体を視野に入れた経済圏構想一帯一路を打ち出すなど、米国の制海権や米国主導の国際経済秩序に対抗する姿勢を中国はますます明確にしている。こうした観点に立てば、過去の共和党政権下では作用していた米中接近のモーメンタムが効用を失いつつあり、トランプ政権の中国からの再離反も戦略性が認められよう。

　いずれにしても純粋な政治学的手法だけでは、トランプ政権の東アジア政策を分析するには限界がある。そこで頼りとなるのが、本書全体で共通する大統領権限を通じたアプローチだ。内政に比べ外交において米国大統領は、より強力なフリーハンドを手にしているかのようにみえる。しかし当然にしてそれにも自ずと限界が存在する。であるならば権限行使の実態をつぶさに観察検証し、トランプ大統領は何ができて何ができないのかを炙り出すことで、米国の東アジア政策の今後についてのある程度の見通しを持つことができるといえよう。

1　北朝鮮

(1)　テロ支援国家指定解除と再指定

　国際テロリズム（international terrorism）を繰り返し支援するテロ支援国家（State Sponsors of Terrorism）への指定は、国務長官が輸出管理法（Export Administration Act）第 6 条(j)項、武器輸出管理法（Arms Export Control Act）第 40 条、外国支援法（Foreign Assistant Act）第 620 条 A 項に基づき決定する。制裁には、米国の外国支援への制限、防衛関連の輸出および売却の禁止、軍民両用（dual use）品の輸出管理、金融制裁などが含まれる。[2]

　1979 年以来、リビア（1979 〜 2006 年）、イラク（1979 〜 1982、1990 〜 2004 年）、南イエメン（1979 〜 1990 年）[3]、キューバ（1982 〜 2015 年）が対象となり、シリア（1979 年〜）、イラン（1984 年〜）、スーダン（1993 年〜）は現在も指定中である。北朝鮮は、大韓航空機爆破事件（1987 年 11 月、死者 115 人）を受け、翌

88 年 1 月にレーガン政権が指定した。

　転機となったのがブッシュ政権期である。2007 年 9 月、北京で開催された第 6 回六者会合第 2 セッションには米国からヒル国務次官補、北朝鮮から金桂冠外務副相が出席。同年末までに北朝鮮が全ての核計画の完全かつ正確な申告を行うことが合意された。期限から遅れて 2008 年 6 月、北朝鮮は核計画の申告を六者会合議長国である中国に提出。行動対行動（action for action）という六者会合の原則から米国政府は、同日、テロ支援国家指定を解除する意図を議会に通報し、この時点で北朝鮮とキューバのみに適用されていた敵国通商法（Trading with the Enemy Act）の適用を大統領布告第 8271 号によって終了。10 月にはテロ支援国家指定解除が実行された。

　朝鮮戦争の勃発（1950 年 6 月 25 日）を受けて同年 12 月、トルーマン大統領が大統領布告第 2914 号により国家緊急事態（national emergency）を宣言したが、その直後に敵国通商法が適用され、米国の対北朝鮮制裁の嚆矢となった。[4]2008 年に敵国通商法の北朝鮮への適用は終了したが、同日、国際緊急事態経済権限法（International Emergency Economic Powers Act, IEEPA）[5]および国家緊急事態法（National Emergencies Act）[6]に基づき、行政命令第 13466 号が発出された。同令によって国家緊急事態が宣言されている。この命令によって北朝鮮関連資産の凍結、米国人による北朝鮮籍船舶関連取引の禁止などが継続され、表面的な対北朝鮮融和策とは裏腹に、大統領権限の活用によって多くの制裁が維持されたのだった。また、ブッシュ政権はテロ支援国家指定の解除時、解除そのものが基本的には象徴的なものだと日本政府に伝えている。[7]

　トランプ大統領は 2017 年 11 月、北朝鮮を約 9 年ぶりにテロ支援国家に再指定したが、ティラーソン国務長官は「実質的な効果は限定的かもしれない（the practical effects may be limited）」と述べている。[8]これらの動きからは、テロ支援国家指定解除や再指定には、実質的な意味もさることながらその象徴性を外交に利用しようとする意図が見て取れ、制裁の実際は大統領権限の活用に委ねられていると考えられる。次項においては行政命令の活用を中心としながら、対北朝鮮制裁の実際の発動のありようを検討する。

(2) オバマ政権、トランプ政権下での制裁

現在の対北朝鮮制裁の直接的な起点は、敵国通商法適用終了を穴埋めした行政命令第13466号にある。北朝鮮に対して戦略的忍耐（strategic patience）を掲げたオバマ政権下では、2010年8月、行政命令第13551号が発出され、第13466号による制裁が強化された。同年3月の韓国哨戒艇沈没事件（天安 Cheonan 号、46人戦死）などに対応した形で、3団体1個人を制裁対象として指定した。根拠として IEEPA、国家緊急事態法と並んで国連参加法（United Nations Participation Act）第5条が挙げられている点が第13466号と異なる。2011年4月に発出された行政命令第13570号は、輸入規制の実施に主眼が置かれていた。

2014年12月、金正恩朝鮮労働党委員長を風刺した映画 *The Interview* の配給元ソニー・ピクチャーズ・エンタテイメントへのサイバー攻撃が発生した。これを受けて2015年1月に発出された行政命令第13687号の根拠には、IEEPA、国家緊急事態法に加えて移民国籍法（Immigration and Nationality Act）第212条(f)項も挙げられており、北朝鮮政府・朝鮮労働党当局者や傘下組織との取引が禁じられた。同令に基づいて、偵察総局、朝鮮鉱業開発貿易会社、朝鮮檀君貿易会社など3団体10個人が指定された。偵察総局は2010年8月、行政命令第13551号に基づき制裁対象に既に指定されており、人民武力省傘下の北朝鮮の主要な情報機関であり、多くのサイバー攻撃の実施主体でもある。

行政命令第13722号（2016年3月）は、北朝鮮による4回目の核実験（1月）と弾道ミサイル発射（2月）に対応する形で発出。この命令は、北朝鮮とつながりを維持する外国企業に対して広範な二次制裁（secondary sanctions）を科す「北朝鮮制裁及び政策強化法（North Korea Sanctions and Policy Enhancement Act、NKSPEA、2月）」に基づいており、朝鮮労働党宣伝扇動部など15団体2個人に対して在米資産の凍結等の制裁が発動された。同令に基づき2016年7月、金正恩が制裁対象に指定された。また金正恩の妹で宣伝扇動部副部長を務める金与正（Kim Yo Jong）は、2017年1月、財務省外国資産管理局（Office of Foreign Assets Control, OFAC）によって行政命令第13687号に基づき制裁対象に指定された。

2016年6月、愛国者法（Patriot Act）第311条[9]に基づき財務省は、北朝鮮を

主要な資金洗浄の懸念先（primary money laundering concern）に認定して、金融制裁を強化した。これは次項で触れるバンコ・デルタ・アジア（匯業銀行、Banco Delta Asia）や丹東銀行（Bank of Dandong）への認定と同様であり、国家としては他の例はミャンマー（2003 年〜）、イラン（2011 年〜）のみ。ウクライナ（2002 〜 2003 年）、ナウル（2002 〜 2008 年）への指定は既に解除されている。戦略国際問題研究所（CSIS）によれば、この認定は金融制裁の世界においては「核オプション（nuclear option）」に相当するとしている。[10] 軍事政権が終わりを告げてミャンマーに対する多くの制裁が解除されたにもかかわらず、同国が資金洗浄の懸念先であり続けていることからも、この認定の厳格さが伝わるといえよう。なお愛国者法は 2001 年 9 月 11 日の同時多発テロを受けて制定された。

　トランプ政権下ではどうか。国連制裁は限界（ceiling）ではなく途中段階（floor）を示すという認識であり、[11] 米国による独自制裁をさらに強化する方針だ。北朝鮮による弾道ミサイル発射（火星 Hwasong 14 号、2017 年 7 月 4 日、28 日）、6 回目の核実験（9 月 3 日）を受け、同月 21 日に行政命令第 13810 号が出された。北朝鮮の建設業、エネルギー産業、金融業、漁業、IT 産業、製造業、繊維業等に関与した者、北朝鮮とモノやサービスの輸出入をした者の米国内資産凍結が盛り込まれた。これはニューヨークでの日米韓首脳会談直前というタイミングだったことから、対北朝鮮での同盟国との協力を印象づけるものと受け止められ、首脳会談の席上でもトランプ大統領自身から行政命令についての言及が[12] あった（ちなみにトランプ大統領が安倍首相に誕生日ケーキを用意して話題となった）。

　9 月 26 日、行政命令第 13722 号に基づき朝鮮貿易銀行と朝鮮中央銀行への制裁が発動された。朝鮮貿易銀行は 1959 年に設立された対外決済銀行で、北朝鮮の武器輸出会社を金融面で支えるなど資金繰りの柱とされており、大量破壊兵器拡散に関与したとして 2013 年 3 月にも行政命令第 13382 号に基づいて制裁対象に指定されていた。[13] なお 2005 年 6 月に発出された第 13382 号は、大量破壊兵器拡散防止を目的としている。

　同日、行政命令第 13810 号に基づき北朝鮮の農業開発銀行、国際産業開発銀行、高麗商業銀行など 8 行が制裁対象に指定された。また、行政命令第 13687 号と第 13810 号に基づいて中国（延吉、丹東、瀋陽、北京、上海、珠海）、ロシア（モスクワ、ウラジオストク）、リビア、アラブ首長国連邦（ドバイ）で活動する

北朝鮮の銀行関係者 26 人も制裁対象となったが、取沙汰されていた中露の企業・個人への二次制裁は発動されなかった。背景には、同年 11 月のトランプ大統領訪中を見据えたティラーソン国務長官の中国訪問を直前に控え、中国への配慮を示す意図があったと考えられる。

12 月 26 日、財務省 OFAC は行政命令第 13687 号に基づいて 2 個人を制裁対象に指定した。[14] 朝鮮労働党軍需工業部の金正植（Kim Jong Sik）副部長は弾道ミサイル開発のキーパーソンで、特に固形燃料から液体燃料への転換に関与しているとされる。李炳哲（Ri Pyong Chol）第一副部長は大陸間弾道ミサイル開発に役割を果たしているという。同部は 2010 年 8 月、行政命令第 13382 号に基づき国務省によって制裁対象に指定されており、[15] 北朝鮮の弾道ミサイル計画を監督している。この 2 名は金正恩に実力を買われて抜擢されており、[16] 北朝鮮内部の権力構造変化に対し、トランプ政権が大統領権限を使いながら迅速に対応していることが看取される。

北朝鮮以外を主な対象とした法令においても、北朝鮮への制裁強化措置が講じられることがある。2017 年 8 月、トランプ大統領は「経済制裁を通じた米国の敵対者への対抗措置法（Countering America's Adversaries Through Sanctions Act）」に署名した。この法律は、オバマ政権下で大統領権限によって進められた対ロシア制裁の法制化が主眼で、制裁緩和には議会の承認が必要となり、ロシアに対して宥和的とされるトランプ大統領を議会が牽制する意味合いもある。とにかく主な対象はロシアである。しかし、直前の大陸間弾道ミサイル発射実験（7 月）を受け、対北朝鮮制裁が議会下院で追加されたという経緯があった。この法律により、NKSPEA に基づく制裁対象指定に関する大統領の裁量が拡大された。

9 月 24 日に出された大統領布告第 9645 号は、特定の国からの入国禁止措置を講じたが、ベネズエラ、チャドと並んで北朝鮮が新たに対象となった。

⑶ トランプ政権による中国、ロシアを対象とした二次制裁

トランプ政権とオバマ政権の対北朝鮮制裁を比較したとき、際立つ違いが第三国の企業・個人を対象とする二次制裁だ。二次制裁とは、米国の管轄外（outside of U.S. jurisdiction）での米国市民によらない取引を対象とする制裁である。2017

年6月、財務省金融犯罪取締ネットワーク（Financial Crimes Enforcement Network, FinCEN）は、丹東銀行を主要な資金洗浄の懸念先と認定し、米国の金融システムから締め出した。[17]愛国者法第311条に基づく規則制定提案公告（Notice of Proposed Rulemaking, NPRM）によれば、同銀行は北朝鮮の大量破壊兵器や弾道ミサイル計画に関与する企業とも関係している。一地方金融機関に過ぎないものの、中朝国境地帯で最大の都市で中朝貿易の約7割が集中するといわれる遼寧省丹東市に所在する点が注目に値する。[18]同時に財務省OFACによって行政命令第13382号、第13722号に基づき1企業2個人も制裁対象となった。大連寧聯船務有限公司は、石炭や鉄鋼製品を含む年間70万トンの貨物を中朝間で運搬しており、8件の贅沢品密輸事件に関与しているという。韓国紙「東亜日報」の11月の報道によれば、中国は同社代表の朝鮮族中国人を逮捕したといい、[19]二次制裁の効果を示す事例ではと注目される。

　オバマ政権がアジア回帰を鮮明にした後も二次制裁に踏み切らず、中国の北朝鮮への圧力強化に期待を示していたのに対し、トランプ政権は過去の共和党政権の施策とオーバーラップするかのように中国企業への制裁を発動した。丹東銀行への認定と同日、台湾関係法（Taiwan Relations Act）に基づいて台湾への武器売却（14億ドル規模）をトランプ政権として初めて決定しており、朝鮮半島と台湾海峡という東アジアにおける二大火薬庫で同じ日に手を打ったところに、地政学的な意味合いが漂う。[20]

　日本政府も7月、外国為替及び外国貿易法（外為法）に基づき丹東銀行、大連寧聯船務有限公司など5団体9個人に資産凍結等の措置を講じ、[21]米国と足並みを揃えた。11月、FinCENは愛国者法第311条に基づき丹東銀行への措置を最終決定した。一方で連邦議会下院は10月、プロパガンダポスターを持ち出そうとしたとして北朝鮮に拘束され帰国直後に亡くなった米国人学生の名前を冠したワームビア法案（Otto Warmbier North Korea Nuclear Sanctions Act）を可決させ、金融機関に対するより強力な二次制裁策を打ち出した。なおトランプ大統領は、ワームビアの死亡を北朝鮮のテロ支援国家再指定の理由として挙げている。

　北朝鮮を念頭に置きつつ中国を対象とした二次制裁としては、ブッシュ政権期のバンコ・デルタ・アジアという前例がある。2005年9月、財務省は愛国

第 11 章　大統領権限と制裁　155

者法第 311 条に基づき主要な資金洗浄の懸念先に認定。2007 年 3 月、認定が[22)]
最終決定された。偽札、偽造煙草、麻薬などに関する資金洗浄が疑われ、この
制裁によって北朝鮮は大きな打撃を受けたとされる。

　トランプ政権による二次制裁の矛先はロシアにも向いている。2017 年 8 月、
行政命令第 13382 号、第 13722 号に基づいて発動された制裁では、丹東富地貿[23)]
易有限公司（Dandong Rich Earth Trading）といった中国の企業個人だけでなく
Gefest-M LLC およびその経営者でロシア国籍のルーベン・キラコシャン（Ruben
Kirakosyan）等ロシアの企業個人も対象となった。北朝鮮の国家機関である第
二自然科学院の傘下の朝鮮檀君貿易会社モスクワ支社に対して金属を調達した
疑いが同社にはある。第二自然科学院は国防科学院とも称され、核ミサイルを
含む先進武器システムの研究開発に関与している。また、かつて院長を務め銀[24)]
河 3 号の発射（2012 年 12 月）で重要な役割を果たした崔春植（Choe Chun Sik）は、
2016 年 3 月、行政命令第 13382 号に基づき国務省によって個人として米国の
制裁対象に指定されている。[25)]

2　中　国

(1)　貿易不均衡

　大統領選挙期間中から貿易赤字への不満をたびたび口にしていたトランプ大
統領は、大統領権限を活用しながら対中赤字削減に向けた手をいくつか打った。
習近平国家主席をフロリダ州別荘に迎えての米中首脳会談を間近に控えた
2017 年 3 月、行政命令第 13785 号と第 13786 号を立て続けに発出。中国を名
指しはしなかったものの、貿易相手国の不公正な関税、政府補助金、非関税障
壁などを調査するよう命じた。

　会談直後の 4 月、通商拡大法（Trade Expansion Act）第 232 条に基づいて大統
領覚書（Presidential Memorandum）を発出。安価な鉄鋼流入が安全保障や防衛産
業を弱体化させているとして実態調査を商務省に命じた。1995 年の世界貿易
機関（WTO）発足以後、第 232 条に基づく調査はわずか 2 件のみである。ク
リントン政権の 1999 年、原油についての調査では、国家安全保障に対する脅[26)]
威は認定されたものの、大統領に対しては輸入に係る是正措置を行わないよう

勧告。大統領も対応しなかった。直近ではブッシュ政権の 2001 年、鉄鉱石、鋼塊半製品（semi-finished steel）が対象[27]となったが、最終的には安全保障に対する脅威なしと商務省が判断している。この実例の少なさに鑑みれば、トランプ大統領はまさに「抜かずの宝刀」を抜いたといえよう。通商拡大法は 1962 年、同年 6 月に失効した互恵通商協定法（Reciprocal Trade Agreements Act）に代わってケネディ政権下で成立している。なおトランプ大統領は、アルミニウムの輸入についても同様に大統領覚書を出して調査を命じた。

8 月にはもう一振りの抜かずの宝刀がこれも大統領覚書により抜かれた。通商法（Trade Act）第 301 条である。同条に基づき中国の知的財産権侵害の実態を調査するよう米国通商代表部（USTR）に命じた[28]。米企業の中国進出に際して技術移転を強制される状況も問題視されていた。同条に基づく調査としてはオバマ政権下の 2010 年、グリーン・テクノロジーの貿易や投資に関する中国政府の政策が対象となった。

背景の一つには WTO 紛争解決制度への強い不満があると考えられる。大統領選挙期間中の 2016 年 9 月に出されたナバロ＝ロス・レポートには、世界最大の経済大国がアルバニアのような小国と同等の権利しか与えられていないのは事実上の主権放棄だという記述があり、政権発足以前からこうした不満が表れていたといえよう[29]。現在、ナバロは行政命令第 13797 号に基づき 2017 年 4 月に設立された通商製造業政策局（Office of Trade and Manufacturing Policy）のトップを、ロスは商務長官を務めている。

(2) 半導体メーカー買収阻止

2017 年 9 月、トランプ大統領は命令を発出し[30]、中国政府と関係する投資ファンド・キャニオン・ブリッジ・キャピタル・パートナーズ（Canyon Bridge Capital Partners）による米半導体メーカー・ラティス・セミコンダクター（Lattice Semiconductor）の買収を安全保障上の懸念から阻止した。これに先立ち対米外国投資委員会（Committee on Foreign Investment in the United States, CFIUS）が大統領に勧告して、CFIUS は 1975 年、フォード政権下で行政命令第 11858 号により設立された。省庁間（inter-agency）委員会で財務長官が委員長を務め、安全保障上懸念のある買収案件を審査しており、件数は中国がトップの状態が続い

ている（2014 年 24 件、2013 年 21 件、2012 年 23 件[31]）。

オバマ前大統領も大統領権限によって米企業買収を阻止している。退任直前の 2016 年 12 月、国防生産法（Defense Production Act）第 721 条に基づき命令を[32]発出して中国投資ファンド福建芯片投資基金（Fujian Grand Chip Investment Fund LP）傘下の独投資会社による独半導体メーカー・アイクストロン（Aixtron）の米子会社買収を安全保障上の懸念から阻止した。同社の技術は衛星通信やレーダーなど軍事転用が可能だという。なお国防生産法は 1950 年 9 月、朝鮮戦争に対応する形で制定された。

二つの事例に共通するのは、半導体メーカーが標的となった点である。「中国製造 2025（Made in China 2025）」を掲げ、米国、日本、ドイツに匹敵する製造業大国を目指す中国にとって、「産業の米」と称される半導体の技術は喉から手が出るほど欲しい。中国の半導体デバイスの自給率（2015 年）は 4 割強に過ぎない[33]。米国も中国側の意図を理解しているからこそ、オバマからトランプに政権が移っても、大統領権限の巧みな利用によって半導体メーカーの買収を阻止し続けていると考えられる。

3　まとめと残された課題

テロ支援国家指定解除やトランプ政権による再指定には象徴的な意味合いが強い。実際の制裁は、敵国通商法の埋め合わせとして発出された行政命令第13466 号を起点としながら、関係法を根拠に積み重ねられた行政命令によるところが大きい。トランプ政権の対北朝鮮制裁も基本的には過去の政権による措置の延長線上に位置づけることができる。

トランプ政権の制裁策の大きな特徴は、二次制裁に踏み切った点にあるといえよう。オバマ政権とは一線を画す点だ。しかし北朝鮮を念頭に置いた中国に対する二次制裁は、緒に就いたばかりである。丹東銀行への制裁がバンコ・デルタ・アジアの前例と同様の効果を現すのか、二次制裁の矛先が大規模な金融機関にも向くのかどうか。例えば中国四大銀行を対象とする場合は、米国企業[34]にも大きな影響が予想される。一方で北朝鮮に関係する取引のみを禁じる方策は米国政府内でも研究されているようだが、技術的には困難があるとされる[35]。

158　第Ⅲ部　大統領権限はいかに行使されたか

日本の金融機関にも影響が及んだイラン制裁のように全面的な措置が講じられるかはなお予断を許さない。

　米中二国間の経済摩擦についても引き続き注視が必要だろう。トランプ政権の支持基盤とも密接に絡む鉄鋼についてどのような対応がありうるのか。また大統領権限に基づく企業買収阻止が半導体以外の分野にも広がり、米中経済摩擦が拡大するのかどうかも観察し続ける必要がある。

　本章では、大統領権限行使について、特にその根拠に大きな注意を払いながら検討し、相当程度明らかにすることができた。行政命令同士の連関についても一定の理解が深まったものと考える。ただ、「はじめに」で掲げた大統領権限の限界についての検討が充分だったとはいえず、今後の分析検討を待ちたい。いずれにしてもトランプ大統領が大統領権限の最大限の活用を念頭に置いていることだけは間違いなさそうであり、今後ともその動向に注目する必要がある。

[注]

1）　*The Wall Street Journal*, April 18, 2016.

2）　U.S. Department of State, "State Sponsors of Terrorism"（https://www.state.gov/j/ct/list/c14151.htm）.

3）　1990 年、南北イエメン統合により指定から外れた。

4）　これに先立ち朝鮮戦争勃発の 3 日後、北朝鮮に輸出統制法（Export Control Act of 1949、のちの輸出管理法）が適用されている。

5）　現在失効中の輸出管理法よりも IEEPA の方が大統領に広範な権限を与えており、議会の干渉を迂回した政策展開が可能だという指摘がある。詳しくは小野純子「米国輸出管理政策をめぐる政治過程──1974 年─1979 年」国際文化学 26 号（2013 年）を参照。

6）　国家緊急事態法（1976 年）は、大統領権限を抑制する方向性の中で制定された緊急事態の宣言に関する手続法で、戦争権限法とセットで論じられることが多い。

7）　外務省『外交青書 2009　平成 21 年版（第 52 号）』22 頁、注 4。

8）　2017 年 11 月 20 日の発言。

9）　同条に基づく制裁はイランにも発動され、イラン中央銀行（CBI）などの金融機関が対象となった。

10）　Victor Cha and Lisa Collins, "Treasury Department Designates North Korea under Section 311," *Center for Strategic and International Studies*（https://www.csis.org/analysis/treasury-department-designates-north-korea-under-section-311）.

11）　2017 年 9 月、北朝鮮が日本上空を通過する弾道ミサイルを発射した際の報道発表を

第 11 章　大統領権限と制裁　159

参照。U.S. Department of State, "North Korea's Missile Launch"（https://www.state.gov/secretary/remarks/2017/09/274161.htm）.

12) 外務省「日米首脳会談」（http://www.mofa.go.jp/mofaj/a_o/na/page4_003342.html）.

13) U.S. Department of Treasury, "Treasury Sanctions Bank and Official Linked to North Korean Weapons of Mass Destruction Programs"（https://www.treasury.gov/press-center/press-releases/Pages/jl1876.aspx）.

14) U.S. Department of Treasury, "Treasury Sanctions Senior North Korean Officials Involved in Weapons Development"（https://home.treasury.gov/news/press-releases/sm0245）.

15) U.S. Department of Treasury, "United States Designates North Korean Entities and Individuals for Activities Related to North Korea's Weapons of Mass Destruction Program"（https://www.treasury.gov/press-center/press-releases/Pages/tg840.aspx）.

16) 「北朝鮮の核ミサイル開発支える科学者ら『3人組』　金正恩氏が重用　失敗は成功の母？『お咎め＝粛清』なし」産経新聞 2017 年 6 月 15 日。

17) U.S. Department of Treasury, "Treasury Acts to Increase Economic Pressure on North Korea and Protect the U.S. Financial System"（https://www.treasury.gov/press-center/press-releases/Pages/sm0118.aspx）.

18) 「中朝国境　閑散の街」読売新聞 2017 年 12 月 4 日。

19) 「中国、対北取引の海運会社代表を逮捕」東亜日報 2017 年 11 月 27 日。

20) 同様の見方を台湾外交部高官から聴取（2018 年 2 月）。

21) 外務省「外国為替及び外国貿易法に基づく資産凍結等の措置の対象者の拡大について」（http://www.mofa.go.jp/mofaj/a_o/na/kp/page22_002837.html）.

22) U.S. Department of Treasury, "Treasury Designates Banco Delta Asia as Primary Money Laundering Concern under USA PATRIOT Act"（https://www.treasury.gov/press-center/press-releases/Pages/js2720.aspx）.

23) U.S. Department of Treasury, "Treasury Targets Chinese and Russian Entities and Individuals Supporting the North Korean Regime"（https://www.treasury.gov/press-center/press-releases/Pages/sm0148.aspx）.

24) 外務省「北朝鮮による核実験に関する安保理決議の採択（概要）」（http://www.mofa.go.jp/mofaj/area/n_korea/kakumondai/anpori_130308.html）.

25) U.S. Department of State, "United States Sanctions Entities and Individuals Linked to North Korean Weapons of Mass Destruction Programs"（https://2009-2017.state.gov/r/pa/prs/ps/2016/03/253882.htm）.

26) Bureau of Export Administration, "The Effect on the National Security of Imports of Crude Oil and Refined Petroleum Products: An Investigation Conducted Under Section 232 of the Trade Expansion Act of 1962, as Amended."（https://www.bis.doc.gov/index.php/documents/section-232-investigations/87-the-effect-of-imports-of-crude-oil-on-national-security-1999/file）.

27) Bureau of Export Administration, "The Effect of Imports of Iron Ore and Semi-finished Steel on the National Security: An Investigation Conducted Under Section 232 of the Trade Expansion Act of 1962, as amended"（https://www.bis.doc.gov/index.php/forms-documents/

160 第Ⅲ部 大統領権限はいかに行使されたか

section-232-investigations/81-iron-ore-and-semi-finished-steel-2001/file）.

28） Office of the United States Trade Representative, "USTR Announces Initiation of Section 301 Investigation of China"（https://ustr.gov/about-us/policy-offices/press-office/press-releases/2017/august/ustr-announces-initiation-section）.

29） 同様の指摘が菅原淳一「『力の秩序』へ回帰するトランプ通商政策」2017 年 1 月 19 日、3 頁。（https://www.mizuho-ri.co.jp/publication/opinion/eyes/pdf/eyes170119.pdf）.

30） 通常の行政命令とは異なり通し番号が振られていない。

31） Committee on Foreign Investment in the United States, *Annual Report to Congress for CY 2015*（https://www.treasury.gov/resource-center/international/foreign-investment/Documents/Unclassified%20CFIUS%20Annual%20Report%20-%20（report%20period%20CY%202015）.pdf）.

32） 前掲注 30）と同様、通常の行政命令とは異なり通し番号が振られていない。

33） 蜷川典泰「中国が目指す半導体産業の強化——パワーデバイスで先行する取組」2016 年 6 月 7 日（https://www.mitsui.com/mgssi/ja/report/detail/__icsFiles/afieldfile/2016/10/20/160607t_ninagawa.pdf）.

34） 中国銀行、中国農業銀行、中国建設銀行、中国工商銀行を指す。

35） 中央銀行関係者からの聴取（2018 年 2 月）を参照。

第**12**章

大統領の戦争権限

梅川　健

はじめに

　アメリカ合衆国憲法は、軍事と戦争に関して、議会と大統領の双方が権限を有し、必要に応じて協力し、また牽制しあう形にした。しかし、現代の大統領は、議会の協力がなくとも戦争を遂行できるかのように振る舞う。いったい、大統領の戦争権限とはどのようなものなのだろうか。そして、どのように抑制されうるのだろうか。

　本章では、合衆国憲法および 1973 年に定められた戦争権限法の規定と、近年の大統領による戦争権限の行使について論じる。

1　大統領の戦争権限を規定するもの

⑴　合衆国憲法の規定

　合衆国憲法は戦争権限を、議会と大統領の間で分割している。第 1 条 8 節は、議会に以下の権限を認めている。合衆国の共同の防衛のために、租税、関税、輸入税、消費税を賦課徴収すること（1 項）。宣戦を布告し、私掠復仇特許状を付与し、陸上および海上における捕獲に関する規則を設けること（11 項）。陸軍を編成すること（12 項）。海軍を創設し、これを維持すること（13 項）。陸海軍の統制および規律に関する規則を定めること（14 項）。民兵の招集に関する

規則を設けること（15 項）。民兵の編制、武装および規律に関する規則を定めること、ならびに合衆国の軍務に服する民兵の統帥に関する規則を定めること（16 項）。

憲法の条文は、「宣戦を布告する（to declare war）」権限[1]を議会に与えているが、憲法制定会議の原案では「戦争を遂行する（to make war）」であった。これに対して、ジェイムズ・マディソンは、突然の攻撃に対して大統領が即座に対応する余地を残すために、文言を "make" から "declare" に変更するよう提案し、承認された[2]。つまり、防衛のための武力行使であれば大統領は議会をまたなくてもよい、ということが意図されていたのである[3]。

大統領が軍隊を指揮する権限については、第 2 条 2 節 1 項が「合衆国の陸海軍および現に招集されて合衆国の軍務に服する各州の民兵の最高司令官（Commander in Chief）である」と定める。加えて、大統領が戦争計画を統制する権限については、第 2 条 1 節 1 項の「執行権」と、第 2 条 3 節の「法が誠実に執行されるよう監督する義務」が規定するとされる[4]。議会の戦争権限が詳細に定められているのに対して、大統領の戦争権限を規定する条文は、いずれも解釈の余地が広い。ここに、大統領の戦争権限が伸縮する余地があった。戦争の遂行にあたり、大統領は軍事力を行使するとともに、戦時体制の統治を担うが、具体的にはどれほどのことが可能なのだろうか。この点について議会と裁判所は、大統領の戦争権限に限界を設けようとしてきた。

(2)　裁判所が示す戦争権限の限界

大統領は戦争を遂行するにあたり、生命、身体、財産の自由といった合衆国憲法上の市民の権利を制限することがある。裁判所は、そのような大統領の行為が適切かを判断し、ときにはその行きすぎを是正してきた。重要な判決をいくつか取り上げたい。

リンカーン大統領は、南北戦争のさなか、南部の不穏分子を逮捕令状無しに逮捕し、拘留した。このような場合、拘留された者は人身保護令状の発出を裁判所に請求することができる。裁判所は求めを受けて人身保護令状を発出し、当局に対して逮捕理由を説明させ、それが不十分な場合には釈放させる[5]。

それでは、戦時にはどうか。第 1 条 9 節 2 項は、人身保護令状によって守

られる市民の権利を、反乱や侵略の際には停止しうると定めている。裁判所は、この規定が議会の権限を定める第1条に置かれていることから、議会の権限であることは明確だと解釈し、リンカーンによる拘留が越権行為だと判断した。[6]裁判所は、戦時における大統領権限にも限界はあることを示したのである。

　トルーマン大統領は朝鮮戦争中、労使交渉が決裂してストライキに入った鉄工所を、「軍の最高司令官」としての権限と「合衆国憲法と制定法が大統領に与えた権限」に基づいて接収すべく行政命令を出した。[7]これに対して最高裁は、当該行政命令には憲法上、ならびに制定法上の根拠がないとして認めなかった。[8]

　最高裁は、大統領による接収を認める制定法がないことに加え、議会が1947年タフト・ハートレイ法の審議過程において、ストライキや労働争議の解決のために大統領に私有財産を接収する権限を与えることを拒否したことも重視した。[9]ロバート・ジャクソン判事は同意意見において「議会の明示的もしくは黙示的な意思に反して大統領が行動する場合、大統領の権限は最小となる」と述べた。[10]裁判所は、議会の意図に反した大統領の行動について厳しく判断したのである。同時に、大統領による私有財産接収は、軍の最高司令官としての権限からも、執行権からも導けないとした。[11]

　ジョージ・W・ブッシュ大統領は、テロとの戦争を遂行するにあたり、グアンタナモ収容所にテロ容疑者を拘束した。ブッシュ政権はテロ容疑者に対して、罪状を示さず、弁護士との接見を許さず、法廷で主張する機会も与えなかった。これに対して、人身保護令状の発出を求める裁判が提起された。最高裁は、テロ容疑者への人身保護令状の発出を、2004年のラスール対ブッシュ判決では[12]外国籍の容疑者に、ハムディ対ラムズフェルド判決ではアメリカ国籍の容疑者[13]に認めた。裁判所が、大統領の推進するテロとの戦争に対して待ったを掛けたのである。

　このように、裁判所は大統領による戦争の遂行が人々の権利を侵害する場合に判断を下してきたのである。[14]他方、戦争の中核である軍事力行使について、大統領の前に立ちはだかってきたのは、議会であった。

(3)　戦争権限法

　ヴェトナム戦争が泥沼化する中で、議会は大統領による武力行使の抑制に乗

り出し、1973 年にニクソン大統領の拒否権を覆して戦争権限法（War Powers Resolution）を成立させた[15]。

戦争権限法は、まず、大統領が米軍を「敵対行為（hostilities）」もしくは「敵対行為」が予想される地域に投入できる状況を三つ挙げる。①議会による宣戦布告がある場合、②制定法が認める場合、③アメリカ合衆国の領土、または米軍への攻撃などの国家緊急事態の場合である。「敵対行為」という文言は下院の工夫であった。原案は「武力衝突（armed combat）」だったが、「武力衝突にいたる明白で差し迫った危険がある状態」までを射程に捉えるために「敵対行為」という文言が採用された[16]。

同法は次に、大統領が宣戦布告なく米軍を投入した場合には、その必要性と法的根拠を記載した報告書を 48 時間以内に議会に提出しなければならないと定める。報告書を受け取った議会は、宣戦を布告するか、制定法による授権をするか、もしくは何もしない。宣戦布告がなされれば、同法はもはや大統領の武力行使を制限しない。制定法による授権がなされた場合、大統領は 6 ヶ月に一度以上の頻度で、議会に報告書を出さなければならない。議会が何もしない場合、大統領は 60 日以内に軍隊を引き上げなければならない。ただし、撤退の安全を確保するためという理由であれば 30 日間の延長は認められる。

最後に、議会による宣戦布告も授権法もない状況で、大統領が 60 日を超えて米軍を「敵対行為」に投入している場合には、議会は両院共同決議（concurrent resolution）によって大統領に撤兵を命じることができると同法は定める。両院共同決議とは、上院と下院の過半数の投票によって成立する決議であり、大統領に送付されることはない。

戦争権限法は二つの点で、大統領と議会が分有する戦争権限に変化をもたらした。ひとつは、宣戦布告を伴わず、議会による承認もない米軍の投入について、大統領に 48 時間以内の議会報告と、60 日以内の撤兵を義務づけたことである。これは、議会が課した厳しい制約のようにもみえるが、60 日以内であれば、大統領は議会承認なしに単独で軍事行動できるということを議会が認めたとも読める。実際、クリントン政権はこのような解釈に基づいてハイチとボスニアへの武力行使を行っている[17]。

もうひとつの変化は、宣戦布告も授権法もなく 60 日を超えて米軍を展開す

第 12 章　大統領の戦争権限　　165

る大統領に対して、両院共同決議によって議会が撤兵を命令できるとしたことである。これは、憲法にはない新しい規定だったが、問題を含むものだった。上下両院の過半数の票によって成立する両院共同決議は、議会を拘束する決議にはなりうるが、議会外にはその効力は及ばないのが通常である。議会外に効力を及ぼすものはすべて法律であり、その制定には大統領に署名もしくは拒否の機会を与えなければならないと憲法は定める。はたして、この手続きを満足しない両院共同決議は、大統領を拘束できるのか。

　議会にとって不利な判決が、1983 年に最高裁によって出された。不法移民の強制送還が争点となったチャダ判決である[18]。この判決では、議会拒否権（legislative veto）が違憲だとされた。議会拒否権とは、議会が大統領に与えた裁量が、議会の意図した通りに行使されているかをチェックする仕組みである。大統領は裁量の範囲内での法執行の方法について議会に報告し、議会はそれに対し承認もしくは不承認の決議を出す[19]。最高裁は、議会拒否権の行使による政策変更が法律の制定に当たるにもかかわらず大統領に署名もしくは拒否の機会を与えておらず、違憲だと判断した。この判決は、戦争権限法にも同様の規定があることを指摘している[20]。

　つまり、戦争権限法の撤退命令に関する条文には、違憲の疑いがあった。例えば、レーガン政権はチャダ判決が戦争権限法にも及び、違憲だと理解していた[21]。仮に議会が戦争権限法に基づいて両院共同決議を出し、大統領に撤兵を命じたとしても、大統領は違憲性を主張しうるという脆弱な構造だった[22]。

　実際にニクソン以降の大統領はみな、戦争権限法が軍の最高司令官としての大統領の権限を侵害する、あるいはチャダ判決に違反するとして、その違憲性を主張してきた[23]。特筆すべきは、戦争権限法が成立して以来今日まで、60 日以内の撤兵期限を設定する同法の手続きに従った報告書が議会に出されたのは、フォード大統領による一度だけという事実である[24]。

　それでは、戦争権限法は無意味な法律なのだろうか。そうとも言えない。現代の大統領はみな、戦争権限法の規制にかからぬよう、軍事行動を正当化する必要に迫られてきた[25]。戦争権限法は、大きな障害物として大統領の前に存在してきたのである[26]。

　次節では、ジョージ・W・ブッシュ大統領から始まるテロとの戦争の中で、

166　第Ⅲ部　大統領権限はいかに行使されたか

戦争権限法がどのように機能していたのかをみていく。大統領が抑制を逃れようとする姿が浮かび上がってくる。

2　大統領による戦争権限の行使

(1)　ブッシュ政権

　ブッシュ政権は、2001 年 9 月 11 日の同時多発テロ事件後、対外関係では単独行動主義に傾いたが、国内手続きでは議会を重視した。9.11 の直後から、大統領は議会指導部と面会し、適切な対応について話し合った。議会はすぐに、「武力行使授権決議（Authorization for Use of Military Force[27]）」案を審議し、9 月 14 日に可決した。18 日には大統領による署名がなされた。

　議会はこの決議で、「米国に対する将来の国際的なテロを防ぐために、2001 年 9 月 11 日の攻撃を計画・承認・実行・幇助した、あるいはそれらの組織や人物を匿った国家・組織・人物に対する必要かつ適切な軍事力の全てを行使すること」を大統領に認めた。同時に、この決議が、戦争権限法が大統領に要求するものを変更するものではないとも明記した。すなわち、武力行使開始後 48 時間以内の報告と、定期的な報告の義務は変わらないとした。

　この決議の特殊性は、大統領に認められた武力行使の対象にある。これまで議会は、特定の国家、あるいは、特定の地域内のいくつか国家を対象に武力行使を認めてきたが、今回はテロの実行や準備に関わった国家に加え、「組織と個人」を対象としたのである。この規定は、対象の拡大に繋がりうるものであった。

　ブッシュ大統領にとって、武力行使授権決議はありがたいものであったはずだが、大統領権限を主張することは忘れなかった。決議への署名時声明[28]では、「武力を行使する大統領の憲法上の権限と、戦争権限法の合憲性に対する行政府の長年の立場を変えるものではない」と述べた[29]。すなわち、武力行使の決定は、本来は大統領単独で可能なのだという主張と、戦争権限法の規定には違憲性があるという主張である。

　2001 年 10 月 9 日には、アフガニスタンで開始した武力行使について議会に報告している。この報告書では、武力行使の法的根拠は「軍の最高司令官と行

政府の長官として、外交関係を処理するという憲法上の権限」にあるとし、武力行使授権決議については、議会からの「支持（support）」として賛意を表している。ブッシュ政権は、大統領の権限だけで武力行使できるのだという姿勢を示した。[30]

2003 年に始まるイラク戦争についても、ブッシュ大統領は議会の事前承認を求めた。2002 年 10 月 16 日、ブッシュ大統領は議会が作成した「武力行使授権決議（Authorization for Use of Military Force against Iraq Resolution of 2002)」案に署名した。この決議は、「イラクの継続した脅威からアメリカの安全を守るため、ならびにイラクに関する全ての国連安保理決議を実行するために、大統領が必要且つ適切だと考える」だけの武力行使を認めるとともに、議会に対する報告を求めた。[31]

ブッシュ大統領は、このときにも署名時声明を出しており、武力行使の法的根拠は、武力行使授権決議ではなく、大統領権限そのものにあるとした。[32] 2001 年のアフガニスタン戦争と同様の構造であったといってよい。

ブッシュ大統領は武力行使にあたり、議会承認を求めたものの、あくまでも、武力行使は大統領単独で可能なのだという姿勢を崩すことはなかったのである。

(2) オバマ政権

オバマ大統領は、イラクからの撤兵、アフガニスタンでの戦争という前政権からの課題に加え、リビアへの軍事介入、IS に対する軍事行動を新しく始めた。ここでは戦争権限法との関係で大きな問題となった 2011 年のリビア介入を取り上げる。

オバマ大統領によるリビアへの軍事介入に対して、議会は宣戦布告も、リビア攻撃を認める授権法も制定していない。3 月 18 日、国連安保理決議 1973 号を理由に、オバマ大統領はリビアにおける武力行使に踏み切ると宣言した。[33] 戦争権限法は、議会による宣戦布告か制定法による承認が必要だとしているが、国連安保理決議は議会承認を代替できるのだろうか。

歴史を振り返れば、国連安保理決議を武力行使の根拠としたのはオバマ大統領が初めてではない。トルーマン大統領による朝鮮戦争以来繰り返されており、議会による批判がある。そもそも、アメリカが国際連合に加盟するにあたり制

168　第III部　大統領権限はいかに行使されたか

定された国連加盟法（UN Participation Act of 1945[34]）では、大統領に安保理委員会で軍事行動に関わる特別協定について交渉する権限を与えるとともに、その協定の内容は、国内的には両院合同決議（joint resolution）の形式で議会が審議・承認し、大統領署名によって発効するとされていた[35]。これは、通常の法律制定の手続きであり、国連安保理決議による武力行使の場合も、逐一、事前の議会承認を必要とするというのが、国連加盟時の取り決めだった。しかし国連加盟法の手続きは守られず、議会は1973年になって戦争権限法を制定し、大統領権限の抑制に乗り出したのである。

　つまり、軍事介入の根拠に国連安保理決議を挙げたとしても、国内法的には不十分なのである[36]。オバマ大統領自身、2011年3月21日の議会への書簡の中では、武力介入の根拠として国連安保理決議のほか、「軍の最高司令官と行政府の長官として、外交関係を処理するという憲法上の権限」を挙げている[37]。これはブッシュ大統領による主張にもみられたが、どのように軍事行動を正当化するのだろうか。

　オバマ政権の考え方を簡単にまとめると次のようになる。大統領には国益を守るために軍事力を行使する権限がある。リビアでの軍事行動は「戦争」には当たらず、議会の承認を必要としない。また、その軍事行動は「敵対行為」にも当たらないので、戦争権限法に従って60日以内に撤退する必要もない。オバマ政権は、リビア攻撃が議会の承認を必要としない、大統領単独で可能なものだと主張したのである。

　2011年、政権内部での憲法判断を引き受ける司法省法律顧問室[38]は、軍事衝突が「戦争」を構成する場合にのみ、「大統領が国益を守るために軍事力を展開する権限に、憲法上の制限が加えられる」ので議会承認が必要になるとした。そして、軍事的衝突が「戦争」に相当するのは、「米兵を重大なリスクに長期にわたって晒す、長期の実質的な軍事的介入である場合のみ」だとする[39]。

　どれほどの軍事介入であれば「戦争」になるのだろうか。意見書によれば、1994年のハイチ（軍事指導者を排し、新しい政府を打ち立てた）、同年のボスニア・ヘルツェゴビナ（地上軍派遣を伴った）の軍事作戦は「戦争」ではない。いずれも、米兵にリスクはあったが「重大なリスク」ではなく、「戦争」に相当するほどではなかったという。武力衝突が「戦争」となるハードルは相当高く設

定されたといえる。司法省法律顧問室意見書は政権を超えて残るため、この「戦争」の定義は後の政権にも参照されうる。

　それでは、オバマ政権によるリビア攻撃は戦争権限法のいう「敵対行為」には当たらないのだろうか。大統領による軍事行動が「戦争」でなくとも「敵対行為」である可能性はある。例えば、米軍はリビアで空爆や、反政府勢力への支援を行っていた[40]。

　しかし、オバマ政権が下院の要求を受けて提出した報告書（国務省と国防総省によって作成された）は、「敵対行為」にも当たらないとする。アメリカはリビアにおいて「支援的役割」に従事しているのみであり、「継続的な戦闘」と「実際の砲火の応酬」には直面していない。さらに、「地上部隊の投入」も「米兵の死亡、もしくはその危険」もなく、「紛争に発展する危険性」もない。これらの要素が存在しないために、アメリカによる軍事介入は「敵対行為」を構成しないと主張した[41]。

　そもそも、戦争権限法の「敵対行為」とは、「武力衝突にいたる明白で差し迫った危険がある状態」を含めるために選ばれた言葉だった。しかしオバマ政権は、「敵対行為」を、継続的な戦闘がある状態、実際の砲撃の応酬がある状態、米兵の死亡やその危険性がある状態だと解釈した。議会の本来の意図とは異なり、適用対象は著しく限定されたといえるだろう。

⑶　トランプ政権

　トランプ大統領は、2017年4月6日にシリアへのミサイル攻撃を突如として行った。

　下院民主党院内総務のナンシー・ペロシはトランプ大統領による攻撃について、「アサド政権による化学兵器使用に対する、適切な対応だった」と賞賛するとともに、「もし大統領が米軍による介入の程度を強めたいと思うならば、議会に武力行使授権決議を求めなければならない」と牽制した[42]。

　トランプ大統領による攻撃には議会の事前承認はなかった[43]。それでは、トランプ政権はどのように武力行使を正当化したのだろうか。攻撃を行った日、トランプ大統領は「化学兵器の拡散と使用を防ぎ、抑制することは、アメリカの核心的な国益である」と述べたが、正当化のための法的文書は公開されていな

い。[44]

　先にみた 2011 年の法律顧問室意見書が導きの糸になるかもしれない。この意見書は、大統領が軍事力を行使する権限を制限されるのは、「戦争」に当たる場合だけだとする。そして、「戦争」とは、「米兵を重大なリスクに長期にわたって晒す、長期の実質的な軍事的介入」であった。つまり、この法律意見書に従えば、大統領による一度のミサイル攻撃（実際には 59 発のトマホークミサイルだったが）は、「戦争」を構成しない。それでは戦争権限法のいう「敵対行為」に相当するかといえば、「米兵の死亡もしくはその危険」を伴わないという点で、おそらく当たらない。

　トランプ政権はシリア攻撃の正当性についての説明をなんらしていないが、オバマ政権が残した論理が、すでに正当化しているのかもしれない。

おわりに

　現代の大統領は、単独で軍事行動に踏み切ることが容易な状況にあるといえるだろう。本章では扱うことができなかったが、無人機による攻撃など、「戦争」にも「敵対行為」にも当たらないといえそうな攻撃手段がでてきている。サイバー攻撃も同様だろう。米軍と敵対者の軍事的非対称性が増すほど、「戦争」と「敵対行為」は構成されにくくなり、大統領による単独行動が抑制から逃れやすくなる。[45]

　大統領による武力行使を抑制しようとしてきた議会には、もはや何もできないのだろうか。憲法が分割した戦争権限に正面から取り組んだ戦争権限法は、大統領にとっての障害物とはなったが、迂回方法を確立されてしまった。しかし、議会には軍事予算を梃子にした抑制方法が残されている。戦争が長引き、国内世論が割れる場合には、特に重要な方法となりうる。議会が、大統領の戦争権限を抑制する意思をもつか、同じ方向性でまとまれるかどうかが、今後の大統領の戦争権限に大きな影響を与えるだろう。

　裁判所も、大統領の戦争権限の抑制に役割を果たしうる。戦争の遂行は、しばしば人々の権利侵害を伴い、それをどのように評価するかは裁判所である。今後の連邦最高裁の動向も注目される。

第 12 章　大統領の戦争権限　171

［注］

1)　1798 年から 1800 年にかけてアメリカとフランスの間で戦われた、宣戦布告を伴わない「疑似戦争（Quasi-War）」の際、最高裁は、議会の「宣戦を布告する」権限には、戦争にはいたらない限定的な武力行使を承認する権限も含むと認めた。Bas v. Tingy, 4 U.S. 37 (1800); Jennifer K. Elsea, Michael John Garcia and Thomas J. Nicola, "Congressional Authority to Limit Military Operations," *CRS Report for Congress*, R41989 (2013), 4.

2)　Max Farrand ed., *The Records of the Federal Convention of 1787 Volume 2* (Yale University Press, 1911), 318.

3)　1861 年、リンカーン大統領は議会の宣戦布告を待たず南部の港湾を封鎖した。通常、港湾封鎖は戦時の措置であり、宣戦布告が必要となる。違憲性が疑われる大統領の行動について、連邦最高裁は「他国の侵略による戦争が起きたならば、大統領は武力によって抵抗することを認められているのみならず、義務づけられてもいる」とした。大統領は、アメリカを防衛するにあたり、議会の宣戦布告も承認も待つ必要はないということが、裁判所によって確認された。The Prize Cases, 67 U.S. (2 Black) 635 (1863).

4)　Louis Fisher, *President and Congress: Power and Policy* (Free Press, 1972), 180; Louis Smith, *American Democracy and Military Power: A Study of Civil Control of the Military Power in the United States* (Chicago University Press, 1951), 38; 宮脇岑男『現代アメリカの外交と政軍関係──大統領と連邦議会の戦争権限の理論と現実』（流通経済大学出版会、2004 年）38 頁。

5)　阿川尚之『憲法改正とは何か──アメリカ改憲史から考える』（新潮選書、2016 年）201 頁。

6)　Ex Parte Merryman, 17 Fed. Cas. 144, 148 (C.C. Md. 1861) (No. 9,487), 149; Louis Fisher, "Judicial Review of the War Power," *Presidential Studies Quarterly*, Vol. 35, No. 3 (2005), 475.

7)　Harry S. Truman, "Executive Order 10340: Directing the Secretary of Commerce to Take Possession of and Operate the Plants and Facilities of Certain Steel Companies," April 8. 1952, *Federal Register*, Vol. 17, No. 71, 3139.

8)　Youngstown Sheet & Tube Co. v. Sawyer, 343 U.S. 579 (1952).

9)　343 U.S. 586.

10)　判決の同意意見では、ロバート・ジャクソン判事が大統領権限は議会との関係でどのように定まるかを三つの場合に分けて示している。第一に、議会による明示もしくは黙示の授権に基づいて大統領が行動するとき、大統領の権限は最大となる。第二に、議会による授権もしくはその否定がない場合、「黄昏のように曖昧な領域（zone of twilight）」で大統領は行動し、自身の権限だけを根拠とする。第三に、議会の明示的もしくは黙示的な意思に反して大統領が行動する場合、大統領の権限は最小となる。本件の場合、第三のケースに当たるとジャクソンは述べた。343 U.S. 634-635.

11)　343 U.S. 580.

12)　Rasul v. Bush, 542 U.S. 466 (2004).

13)　Hamdi v. Rumsfeld, 542 U.S. 507 (2004).

14)　裁判所が常に大統領を抑制してきたわけではない。たとえば、訴訟が軍事機密の開示に関わる場合に大統領に「国家機密特権」を認め、訴訟そのものを棄却することも

172   第Ⅲ部　大統領権限はいかに行使されたか

あった。詳しくは、梅川健「オバマ政権とテロとの戦争――「国家機密特権」と「標的殺害」を中心に」国際安全保障 45 巻 1 号（2017 年）を参照。

15）　Public Law 93-148, 87 Stat. 555.

16）　Theodore B. Olson, "Overview of the War Powers Resolution," *Opinions of the Office of Legal Counsel*, Vol.8（1984）, 275.

17）　Walter Dellinger, "Deployment of United States Armed Forces into Haiti," *Opinions of the Office of Legal Counsel*, Vol 18（1994）, 175; Walter Dellinger, "Proposed Deployment of United States Armed Forces into Bosnia," *Opinions of the Office of Legal Counsel*, Vol 19（1995）, 334.

18）　Immigration and Naturalization Service v. Chadha, 462 U.S. 919（1983）.

19）　議会拒否権には、委員会による委員会拒否権、上下両院のどちらかによる一院拒否権、両院による両院共同決議といった様々な形式がある。梅川健『大統領が変えるアメリカの三権分立制――署名時声明をめぐる議会との攻防』（東京大学出版会、2015 年）109-110 頁。

20）　ホワイト判事の反対意見。462 U.S. 967-8.

21）　Memo, John G. Roberts to Fred F. Fielding, July 28, 1983, Folder "JGR Chadha 5 of 9," Box 8, John G. Roberts Files, Ronald Reagan Library.

22）　チャダ判決を受け、1983 年に戦争権限法の一部が修正され、両院共同決議によって撤兵を命じる手続きに加え、通常の制定法による手続きも加えられた（1546 条(a)項）。この場合、大統領は拒否権を行使できるので撤退命令が実現するハードルは高い。栗田真広「米国における軍隊投入の権限」レファレンス 64 巻 10 号（2014 年）98 頁。

23）　Matthew C. Weed, "The War Powers Resolution: Concepts and Practice," *CRS Report for Congress*, R42699（2017）, 6.

24）　1975 年、フォード大統領はカンボジア政府に拿捕された米国商船マヤゲス号の奪還作戦にあたり、議会に対して戦争権限法の規定通りに報告書を送付した。ただし、報告書送付時、すでに部隊は衝突地帯からは撤退していた。Weed, "The War Powers Resolution," 53.

25）　戦争権限法の下での軍事介入の事例については、栗田・前掲注 22）「米国における軍隊投入の権限」が詳しい。

26）　本稿では紙幅の都合上、詳しく扱うことができないが、ジョージ・H・W・ブッシュ大統領による湾岸戦争も戦争権限法との関係で興味深い。ブッシュ大統領は、武力行使授権決議を議会に求めながら、議会が可決した決議への署名に際しては、大統領は単独で武力行使可能であることを改めて主張している。これは、本稿で扱うジョージ・W・ブッシュ大統領が示した姿勢と同様のものだといえる。George H. W. Bush, "Statement on Signing the Resolution Authorizing the Use of Military Force Against Iraq," January 14, 1991, *Public Papers of the Presidents of the United States: George H. W. Bush, 1991*, 40. また、開戦前には、武力行使には議会承認が必要と主張する議員らによる訴訟（Dellums v . Bush, 752 F.Supp. 1141（D.D.C. 1990）.）もあった。こちらについては阿川尚之『憲法で読むアメリカ現代史』（NTT 出版、2017 年）111-116 頁に詳しい。

27）　Public Law 107-40, 115 Stat. 224.

第 12 章　大統領の戦争権限　173

28)　署名時声明とは大統領が法案署名時に出す法的文書である。詳しくは、梅川・前掲注 19)『大統領が変えるアメリカの三権分立制』を参照。

29)　George W. Bush, "Statement on Signing the Authorization for Use of Military Force," September 18, 2001, *Public Papers of the President of the United States: George W. Bush, 2001*, 1124-5.

30)　Louis Fisher, *Presidential War Power 3rd Edition, Rivised* (University Press of Kansas, 2013), 208-9.

31)　Public Law 107-243, 116 Stat. 1498.

32)　George W. Bush, "Statement on Signing the Authorization for Use of Military Force Against Iraq Resolution of 2002," October 16, 2002, *Public Papers of the President of the United States: George W. Bush, 2002*, 1814-5.

33)　Barack Obama, "Remarks on the Situation in Libya," March 18, 2011, *Public Papers of the President of the United States: Barack Obama, 2011*, 246-8.

34)　Public Law 97-264, 59 Stat. 619.

35)　59 Stat. 621.

36)　議会が国連参加法において国連安保理決議に基づいた武力行使にも事前の議会承認が必要だと定めることができたのは、国連憲章第 43 条が武力行使に関わる特別協定が「各国の憲法上の手続き」に基づいて批准されなければならないとしているためである。このような規定は二ヶ国間の条約にもある。日米安全保障条約第 5 条には、「各締約国は、日本国の施政の下にある領域における、いずれか一方に対する武力攻撃が、自国の平和及び安全を危うくするものであることを認め、自国の憲法上の規定及び手続に従って共通の危険に対処するように行動することを宣言する」と定められている。武力行使に関わる「自国の憲法上の規定及び手続き」には、大統領単独での判断では不十分で、法律制定と同じ手続きが必要となるという議論もある。Louis Fisher, *The Law of the Executive Branch: Presidential Power* (Oxford University Press, 2014), 330-1.

37)　Barack Obama, "Letter to Congressional Leaders Reporting on the Commencement of Military Operations Against Libya," March 21, 2011, *Public Papers of the President of the United States: Barack Obama, 2011*, 280-1.

38)　司法省法律顧問室は、司法省の中でも憲法問題を専門に扱い、大統領の行為の合憲性・違憲性を判断する意見書を出す。この意見書は行政組織内で法的権威をもつ。司法省法律顧問室については、梅川・前掲注 14)「オバマ政権とテロとの戦争」50 頁を参照。

39)　Caroline D. Krass, "Authority to Use Military Force in Libiya," *Opinions of the Office of Legal Counsel*, Vol. 35 (2011), 8.

40)　Fisher, *Presidential War Power*, 240; Charlie Savage, "Attack Renews Debate over Congressional Consent," *New York Times*, March 21, 2011.

41)　"United States Activities in Libya," June 15, 2011 〈http://www.washingtonpost.com/wp-srv/politics/documents/united-states-activities-libya.html〉.

42)　Nancy Pelosi, "Pelosi Statement on U.S. Airstrikes in Syria," April 7, 2017. 〈https://www.democraticleader.gov/newsroom/4617-6/〉.

43)　付け加えるならば、国連安保理決議もなかった。レックス・ティラーソン国務長官は、

174 第Ⅲ部 大統領権限はいかに行使されたか

シリアが化学兵器禁止条約と国連安保理決議 2013 号に違反したことを理由に挙げている が、同条約は違反者に対する武力制裁を定めてはおらず、同決議は武力行使を直ちに認めるものではない。Charlie Savage, "Was Trump's Syria Strike Illegal? Explaining Presidential War Powers," *New York Times*, April 7, 2017.

44） Ibid.

45） オバマ政権による「敵対行為」の解釈は、無人機による攻撃を戦争権限法の外に置くことになる。無人機によるオペレーションは「実際の砲火の応酬」を伴うことは稀で、「米兵の死亡もしくはその危険」も少ないだろう。オバマ政権の無人機によるオペレーションについては、梅川・前掲注 14）「オバマ政権とテロとの戦争」を参照。

●執筆者紹介（執筆順）

久保文明（くぼ・ふみあき）　編者　[第 1 章]
東京大学大学院法学政治学研究科教授、東京財団政策研究所上席研究員
[主な著作]『アメリカ政治史』（有斐閣、2018 年）、『アメリカ政治（第 3 版）』（共著、有斐閣、2017 年）、『現代アメリカ政治と公共利益』（東京大学出版会、1997 年）、『ニューディールとアメリカ民主政』（東京大学出版会、1988 年）ほか

阿川尚之（あがわ・なおゆき）　編者　[第 2 章]
同志社大学法学部特別客員教授、慶應義塾大学名誉教授
[主な著作]『憲法で読むアメリカ現代史』（NTT 出版、2017 年）、『憲法改正とは何か』（新潮社〈新潮選書〉、2016 年）、『憲法で読むアメリカ史』（読売・吉野作造賞、PHP 研究所、2004 年［ちくま学芸文庫、2013 年］）ほか

梅川　健（うめかわ・たけし）　編者　[第 3 章、第 4 章、第 5 章、第 12 章]
首都大学東京法学部教授
[主な著作]『大統領が変えるアメリカの三権分立制』（東京大学出版会、2015 年）、「大統領制」山岸敬和＝西川賢『ポスト・オバマのアメリカ』（大学教育出版、2016 年）、「ティーパーティ運動と『憲法保守』」久保文明編『ティーパーティ運動の研究』（NTT 出版、2012 年）ほか

菅原和行（すがわら・かずゆき）　[第 6 章]
福岡大学法学部教授
[主な著作]『アメリカ都市政治と官僚制——公務員制度改革の政治過程』（慶應義塾大学出版会、2010 年）、「官僚制——オバマによる応答性の追求とその限界」山岸敬和＝西川賢編著『ポスト・オバマのアメリカ』（大学教育出版、2016 年）ほか

松岡　泰（まつおか・やすし）　[第 7 章]
熊本県立大学名誉教授
[主な著作]『アメリカ政治（第 3 版）』（共著、有斐閣、2017 年）、『マイノリティが変えるアメリカ政治——多民族社会の現状と将来』（共著、NTT 出版、2012 年）、『アメリカ政治とマイノリティ——公民権運動以降の黒人問題の変容』（ミネルヴァ書房、2006 年）ほか

梅川葉菜（うめかわ・はな）　[第 8 章、第 10 章]
駒澤大学法学部専任講師
[主な著作]『アメリカ大統領と政策革新』（東京大学出版会、2018 年（近刊））、「ティーパーティ運動を理解するためのフレームワーク」久保文明編『ティーパーティ運動の研究』（NTT 出版、2012 年）、「アメリカにおける福祉縮減のメカニズム」年報政治学 2013- II（2014 年）ほか

杉野綾子（すぎの・あやこ）　[第 9 章]
一般財団法人日本エネルギー経済研究所主任研究員
[主な著作]『アメリカ大統領の権限強化と新たな政策手段——温室効果ガス排出規制政策を事例に』（日本評論社、2017 年）、「米国の発電所 CO2 排出規制による米エネルギー市場への影響——EPA による規制影響分析レポートを中心に」エネルギー経済 40 巻 3 号（2014 年）ほか

村上政俊（むらかみ・まさとし）　[第 11 章]
同志社大学法科大学院嘱託講師、皇學館大学非常勤講師、元外交官、元衆議院議員
[主な著作]『最後は孤立して自壊する中国』（共著、ワック、2016 年）、「安倍政権「官邸」の研究」新潮 45　426 号（2017 年 10 月）、「極めてまっとう　トランプの「二国間」外交」新潮 45　420 号（2017 年 4 月）、「トランプ大統領なら世界はどうなる？」新潮 45　415 号（2016 年 11 月）ほか

アメリカ大統領の権限とその限界
―― トランプ大統領はどこまでできるか

● …………2018 年 5 月 20 日　第 1 版第 1 刷発行

監修………公益財団法人東京財団政策研究所
編者………久保文明・阿川尚之・梅川 健
発行者……串崎 浩
発行所……株式会社 日本評論社
　　　　　〒170-8474　東京都豊島区南大塚 3-12-4
　　　　　電話 03-3987-8621（販売）　振替 00100-3-16
　　　　　https://www.nippyo.co.jp/
印刷所……平文社
製本所……牧製本印刷
装幀………図工ファイブ

© 2018　The Tokyo Foundation for Policy Research
ISBN978-4-535-52301-2

JCOPY 〈（社）出版者著作権管理機構委託出版物〉

本書の無断複写は著作権法上での例外を除き禁じられています。複写される
場合は、そのつど事前に、（社）出版者著作権管理機構（電話 03-3513-6969、
FAX03-3513-6979、e-mail: info@jcopy.or.jp）の許諾を得てください。また、
本書を代行業者等の第三者に依頼してスキャニング等の行為によりデジタル
化することは、個人の家庭内の利用であっても、一切認められておりません。